88種五感體驗親子遊戲

喚醒孩子的天賦

MBPS 正念教養系統創建者
林麗玲 著

來自各界專家的好評推薦！

〔按姓氏筆劃順序排列〕

有趣、細緻，能在日常生活自在安定

有關孩子們的正念練習，這是一本非常有趣、細緻、能夠在日常生活中隨時隨地溫柔玩正念的好書。

回應孩子常有的切身問題，麗玲老師在本書中分享六大面向88款遊戲。每一款遊戲都有重點提示、引導策略和善的心法。

祝福大人小孩透過正念遊戲，心得以安住於當下，感受世界的自在美好。

——**王慧蘭**（國立屏東大學教育行政研究所副教授兼圖書館館長）

從遊戲中共築親子美好的幸福感

認識麗玲老師，是在大學社團時的營隊，當時就能感受其個人「正念」的魅力

——愛、歡笑與生命力。而在歷經實務臨床兒少和家庭服務到正念教養理論的創發，帶領家長學習《心念教養》的觀念，現今透過《88種五感體驗親子遊戲》的操作，找回孩子安穩、清晰與處在當下的覺察力，從遊戲中共築親子美好的幸福感。

美國心理學家加德納（H. Gardner）提出的「多元智能」理論，其中的身體動覺智能，便可運用此書開發身體智慧，進一步培養孩子自律的生活能力！

另外值得一提，書中的遊戲式開放對話，除了給予親子正向引導參考外，在校園中亦可提供輔導單位進行特教服務之媒介，是值得推薦的親子教養與輔導遊戲的實用寶典！

——**李忠屏**（屏東縣榮華國小校長）

孩子能開發自己的感官能力，還能夠培養創造力、觀察力和專注力

《88種五感體驗遊戲：喚醒孩子的天賦》是一本寶藏般的書籍，它為家長和教育者提供了一系列豐富多彩的遊戲，旨在喚醒孩子的五感和潛藏的天賦。

透過這些精心設計的活動，孩子們不僅能夠開發自己的感官能力，還能夠培養創造力、觀察力和專注力。

無論是在家中或學校，這本書都是一個絕佳的資源，幫助孩子們通過遊戲的方式，探索世界，啟發潛能。

——李學文（聲鮮時采科技公司執行長）

孩童的成長需要陪伴，時間不用長，但要有品質

焦慮不安的社會，卡巴金的「正念減壓」成為熱搜，正念不是邪念的對立詞，而是mindfulness，當下有意識的覺察。教育使我們重思維、輕覺察，大腦不停地處理雷達幕閃爍光點，忘了拿起手電筒聚焦自身及周遭，這依然找不著遺落的鑽戒。充滿漂浮的焦慮，憂慮遠方及未來，忽略自身及當下；眼耳鼻舌身的開關被鍵盤取代，色聲香味觸的覺察逐漸鈍化。

我察故我在，「安穩、清晰、當下的覺察力」是快樂的根基，麗玲老師《88種五感體驗親子遊戲》幫助孩童打下穩固的基礎，教導忙碌的家長以遊戲的方式，呵護孩童天賦的覺察能力；孩童的成長需要陪伴，時間不用長，但要有品質。我仍然記得童年讀物《奮學記》，主角包迪渠幼年時媽媽常陪他觀星說故

事，日後成為美國獨立戰爭時期的航海家。

焦慮源自外在壓力，有些壓力落在可控制範圍，有些是無法掌控的；前者可採取「問題解決」因應，後者採取「情緒改善」因應。寧靜禱詞：「請賜給我寧靜，去接納我無法改變的事；請賜給我勇氣，去改變我可以改變的；賜給我智慧，去分辨這兩者的不同。」正念減壓屬於情緒性因應，幫助你接納之後，或許可以看清問題，找到改變方案，而正念減壓的源頭在於五感覺察。

——**林財丁**（德州大學心理學博士／東海大學榮譽教授）

適時適地用對方法，注入孩子滿滿體驗與滋養內在心的發展

一本教育孩子的好書，是需要充滿愛的溫度又非常專業的老師引領家長滋長大量愛的養分，在孩子成長路上每一步重要的階段，父母該如何適時、適地用對方法，注入孩子滿滿體驗與滋養內在心的發展，就在「眉角」點燃那一道亮點，相信在教育愛孩子最有影響力的您、我，大大推薦此書將受惠孩子的好未來！

——**林金英**（新北市私立文堡幼兒園園長）

增加孩子的情緒穩定與調節能力，也增進親子關係

在數位普及的年代，期待孩子有專注能力已經是奢侈品了。林麗玲不講大道理，提供各種實用的親子遊戲，可以同時提升孩子的專注與察覺能力，增加孩子的情緒穩定與調節能力，也增進親子關係，也適合各種年齡層的孩子，是本難得的實用親子互動書籍。

——**馬宗潔**（東吳大學社工系教授）

幫助學生安頓身心與情緒的活動好幫手

從上一本《心念教養》到《88種五感體驗親子遊戲》，看到麗玲將她多年的正念教養實務工作經驗化為文字與活動，試著幫助父母們從滋養自己，照顧自己的情緒、身心，到提供親子可以一起進行的親子正念遊戲，幫助孩子也能增進覺察，成為自己身心與情緒的主人，親子一同感受身為「人」的美好。

身為一位從事多年輔導工作的老師，每每遇到因壓力山大、受情緒困擾所苦的孩子，受苦於過去，焦慮著未來，而無法在此時此刻好好安頓身心，看到麗玲運用「有力量的安靜」來幫助孩子回到當下，學會安頓焦躁的心，讓我眼睛一亮。

《88種五感體驗親子遊戲》不僅是親子遊戲書，更可以是幫助學生安頓身心與情緒的活動好幫手，我已經迫不及待要來試試看了!!

——**秦羽力**（內壢高中輔導室主任）

遊戲不只是親子關係恢復，更是全人教育全新創造

我們一生其實都在遊戲裡找到答案。感受喜悅，接受挫敗，面對挑戰……差異只是結局勝負如何被看待，又如何被詮釋。

近幾年遊戲化已成為我們產業界創新管理的思維，謝謝林老師幫助我們重新認識，遊戲不只是親子關係恢復，更是全人教育全新創造！

——**黃志靖**（創集團共同創辦人／玩提案作者）

讓孩子也能照顧好自己，累積兒童的幸福存款

這本書巧妙地將正念融入孩子最喜歡的遊戲活動，配合孩子五感的發展和運用，讓孩子由自然生動的遊戲中練習、操作和熟練正念，循序漸進地由呵護孩子「心在當下」的品質、與自己的「身體」和「五感」在一起、讓孩子與感受做朋友、練習不馬上衝動反應的安穩力、幫助孩子成為「心的觀察家」以及讓孩子也能照顧好自己，以累積兒童的幸福存款。

88種遊戲實作都有專業和巧思設計，麗玲老師由多年和兒童與父母的豐富實務服務工作經驗，提供了無論是在家中、學習的場域、還是外出旅行，都能讓孩子練習專注力、覺察力、正念力和幸福力的遊戲策略，藉由父母的學習和引導，讓親子使用更有品質的遊戲活動，感受和享受親子共處當下，由遊戲中共創親子生活的親密、美好與福祉。

——**陳若琳**（輔仁大學兒童與家庭學系系主任）

透過五感體驗親子遊戲，讓健康快樂是孩子生命中可具體實踐的幸福

健康快樂是孩子成長與學習最重要的基石，很多學校也都把健康快樂訂為學校願景之一。

麗玲老師在上一本著作《心念教養》中，和讀者們分享「父母先滋養自己的心念才能陪伴孩子健康快樂的成長」，延續這個概念，本書再介紹88種五感體驗親子遊戲，透過這88種親子互動的遊戲，能幫助孩子心在當下、覺察自己的身體與五感、接納自己當下的感受，透過自我關懷安穩力以減緩衝動行為，並以觀心來培養正向心念、最後能品味當下，學會感恩，累積幸福感。

推薦本書給孩子們的陪伴者，包括父母與教育現場的老師們，當我們抱怨現代的孩子因頻繁使用3C產品而人際疏離、暴衝易怒及缺乏學習動機時，試著陪伴孩子「玩」這些五感體驗遊戲，相信在孩子的生命中，健康快樂不僅僅是學校的願景，而是可以具體實踐的幸福。

——**湯博榮**（屏東縣立竹田國民中學校長）

把專注當下的覺察力還給孩子，將讓孩子受用終身

麗玲老師曾經到我們公司進行正念課程，同仁在老師的帶領下，短短幾分鐘內就沉澱思緒，感受到專注當下的魔力，不僅腦袋清晰了，開會討論也更有效率。

現在麗玲老師透過這本書告訴我們，其實孩子從出生就保有這樣的正念覺察力，只是很可惜常常在長大後被抹滅了，對此麗玲老師整理88種親子互動遊戲，

不僅簡單且容易操作，相信能讓家長持續幫孩子保有與生俱來的能力，而這樣的親子陪伴，將是我們能贈送給孩子最棒的禮物。

——**鄭凱隆**（聯發國際餐飲事業股份有限公司董事長）

CONTENTS

2 與自己的「身體」和「五感」在一起

3 讓孩子與感受做朋友

4 不馬上衝動反應的安穩力

5 幫助孩子成為「心的觀察家」

6 孩子也能照顧自己：累積幸福存款

〔前言〕

孩子天生具有「清晰的、處於當下的、安穩的」能力

我在教育及臨床服務的現場，看過許多不健康不快樂，無法穩住自己身心的孩子與青少年：

- 注意力散亂。
- 焦慮、情緒暴躁、情緒調節能力不佳。
- 昏昏沉沉，沒有生命力和熱情。
- 生活懶散，做事拖拉。
- 自控力差。

- 缺乏學習動機。
- 抗拒新事物和體驗。
- 做事不認真、馬虎。
- 缺乏自信。
- 猶豫不決。
- 抗壓性低，依賴父母（媽寶爸寶）。
- 想得多做得少。
- 容易放棄。
- 憂鬱。
- 人際關係疏離、緊張。
- 很難與人合作。
- 急躁、衝動做事，不能從大局或長遠角度思考問題。

……等等。

父母都希望孩子能夠健康快樂成長，擁有自理生活的能力，在社會上發展長才。那麼怎麼樣的孩子才是健康快樂呢？

我認為當一個人能有良好的生活自理（自我照顧）力、身心平衡力、欲望管理力，自然就朝向健康。當一個人能有適切的情緒調節力、主動學習力、連結溝通力，離快樂也不遠。

而這些可以朝向健康、快樂的能力都需要一個重要地基——**「安穩的、清晰的、處於當下」的覺察力。**

當一個人擁有「安穩的、清晰的、處於當下」的覺察能力，才能活化一個人的「我感、我思、我想、我決定、我行動、我承擔、我評估」的循環學習。

在這個「我覺」循環學習的過程中，孩子才有可能發展良好的生活自理（自我照顧）力、身心平衡力、欲望管理力、情緒調節力、主動學習力、連結溝通力，才能落實「身心健康快樂成長」，通向有覺知、負責和智慧人生。

而這個地基——「安穩的、清晰的、處於當下」的覺察力，就是當代正念大師喬・卡巴金（Jon Kabat-Zinn）對「正念」的詮釋：**刻意、有意識的將注意力放在當下，對於一刻接著一刻所顯露的經驗，不給予評價地保持覺察。**

簡單的說，「正念」就是不帶批判眼光，安穩、清晰地覺察當下所發生的一切。這一切包括身體的、思緒的、心理的所有感官的訊息和周遭世界（引自：林麗玲《心念教養》P.42）。

但是，大人們卻常常不自覺地破壞孩子的正念覺察力。

你可以很容易看見在教養（育）時，處處充斥著大人們的「我想、我要、我認為、我感覺」的衝動教養行為，包括：批評、責罵、嘮叨、過度保護、我不理你的拒絕行為等等，快速地吞掉孩子的「覺」。

衝動的教養行為主要目的是化解父母自己的焦慮與威脅感，通常布滿了「不好、不對、不妥、不可以」等等的評價，且帶有強烈的念頭想改變孩子「當下」。（引自：林麗玲《心念教養》P.32）。

當孩子沒辦法安住自己的覺察，從本體感覺出發去練習、試驗，從不擔心、不害怕試錯的過程長出自理（自我照顧）能力、身心平衡能力、欲望管理能力、情緒調節能力、主動學習能力、連結溝通能力等等，如何能健康快樂成長呢？

每一個小孩出生時，都帶著處於當下的靜心狀態

智者奧修曾說過：「注意看小嬰孩（幼童）的眼睛，你會看到寧靜和天真。每一個小孩出生時，都帶著一種正念地處於當下的靜心狀態，然而，他必須被帶進社會，他必須被教導如何思考、如何計算、如何推理、如何辯論，他必須被教以文字、語言、和觀念，然後漸漸地，他就喪失了跟他自己天真的接觸，只是不斷頭腦化，他變成受到了社會的污染，他變成一個有效率的運作機器，而不再是一個『人』。」

奧修指的是：每個孩子出生就擁有「安穩的、清晰的、處於當下」的覺察力，只是在成長過程中這種能力漸漸被抹殺了。如何把覺察的能力還給小孩，讓孩子在成長中仍然保有、並且持續開發全然在當下的「正念」狀態，將是父母

（主要教養者）很重要的責任。

透過正念的遊戲，形成孩子的復原力基地

孩子成長的過程中，你和孩子之間會有很多在一起的時刻。在日常生活點點滴滴的交流中，你與孩子創建一個又一個「經驗」，這些經驗就在幫助孩子的大腦形成，雕塑孩子的大腦神經，並且學習了解自己和他人，也從中體驗與世界最初始的關係，這份關係若是安全的依附，可以形成孩子在成長過程中不可或缺的復原力基地，就像打了一份永久保固的情緒疫苗般。

因此，親子互動的品質是非常重要的，千萬不要小看每天任何一個和孩子交流的時刻。

首先，身為父母與主要教養者，請先培育「**正念地活在當下、專注於此時此刻、放下批判與期待、關照自己**」的能力。

「正念」能幫助你有覺察地「不按下會讓孩子大腦當機」的按鍵。同時透過

正念練習，你會學習與真實的自己同在，允許和自己強烈的情緒同在，傾聽它，並給自己智慧和慈愛的回應。當你能如此對待自己，才能有品質地融入每一個和孩子相處的時刻。

如何培育正念，在我前一本著作《心念教養：照顧與滋養自己的40個正念教養練習，為教養減壓，親子共好》，有清楚的說明與易行的練習方法。

接下來，本書將從以下六個面向出發，介紹88種親子互動遊戲：

1．呵護孩子「心在當下」的品質。
2．與自己的「身體」和「五感」在一起。
3．讓孩子與「感受」做朋友。
4．不馬上衝動反應的安穩力。
5．幫助孩子成為「心的觀察家」。
6．孩子也能照顧自己：累積幸福存款。

六個相輔相成的面向，帶領你從自我覺察以及覺察孩子的基礎下與孩子一同遊戲。每個章節按照主題，介紹許多能與孩子一起玩耍的88種簡單遊戲，提升孩子「安穩的、清晰的、處於當下」的覺察力，陪同孩子健康快樂成長，同時也解救已經陪孩子玩到沒招的你！

還記得兒時遊戲的自己嗎？印象最深刻的遊戲是什麼呢？從這個遊戲中你自然而然學會了什麼呢？這是我在實踐大學教授「遊戲治療」課程一開始會請學生反思的問題。沒錯，鳥會飛，魚會游，孩童自然而然會遊戲。

人們（孩童）會從遊戲裡可以自主、可以完全表達和紓解的過程體驗中，學會找出內在資源及自我指導而成長。

遊戲體驗式的學習方法能啟發更多「以孩子為主體、孩子主動得到領悟與反思」的迴響，所以，邀請你帶著輕鬆、好奇與不過度用力的姿態與孩子「玩耍」，在遊戲中享受自發的樂趣。每個遊戲沒有一定要達到什麼標準，就是自在的玩，並在其中提供「在一起」的時刻，就在這個「在一起」，孩子會被注意、傾聽、回應、且允許用自己的速度體驗和成長。

CHAPTER 1

呵護孩子「心在當下」的品質

你是否曾有以下經驗？

- 下班回家吃晚飯時，想著白天工作時明明是主管沒弄清楚，不明究裡把客戶不滿的責任丟給自己，懊惱沒有第一時間為自己說話，就這樣激動委屈地一邊回想一邊吃晚飯，不知道自己吃進什麼，也食之無味。
- 電水瓶沒水了，在裝水時，想著還有很多工作進度還沒有完成，水不小心倒太滿，溢得滿地都是。

忙碌又高訊息量的生活，實在有太多事會令自己分心，讓我們很難專注於當下。心不在焉，腦中常被許多念頭占據：對過往的懊悔、未知的未來計畫、已發生的衝突、待完成清單……等等，常常一天結束，不太清楚今天實際發生哪些事，而是跟隨自己腦袋中的「故事」胡亂奔走，行屍走肉般地趕往下一站。

很多孩子也以為自己可以同時做很多事：寫功課、聽音樂、滑手機回訊息與朋友聊天……通通可以同時做到。

其實，一心多用只是快速切換處理的事情。研究顯示，當你分心做各種活動時，工作品質會大大下降。念書時一心多用的學生，理解的內容會減少，較難想起學習內容，也較難將學過的知識在生活中應用。

相信你也注意到「孩子嘴中吃著東西，手中卻不斷忙著做其他事」的情景比比皆是，這樣心很忙、心不在焉的現象，養成習慣後，對於當下自己身體的需要、變化，以及情緒的樣貌、周遭人事物的狀況，等等很難有清晰的覺察。

人在心不在，除了很容易發生失誤，更重要的是常常會無法享受當下正在發生和做的事，失去品味當下生活的幸福感。

允許孩子從容地體驗與探索

若希望呵護孩子心在當下的品質，能夠有覺知的進行正在做的事，大人要有意識提醒自己和孩子在一起的時刻，別一直急急忙忙、粗魯地「改變」孩子正在做的事。

與孩子同在，允許孩子就在當下這一刻，安全、自在、從容地體驗和探索

「我」這個有機體與環境之間正在發生的各種可能。你的心不落後也沒超前，重覆仔細的跟隨此時此刻，會強壯自己和孩子清楚明白體驗當下過程的神經迴路。

不只是叫孩子做，自己也要身體力行，練習心在當下。

你可以和孩子一起練習「心的雷達」。

遊戲 1

心的雷達（適合年齡：所有年齡皆適宜）

在生活中時刻問問自己、問問孩子：

現在心在哪兒？心在正在做的事情上嗎？分心了嗎？還是介於兩者之間。

不管答案是什麼，沒有對錯，就是知悉就好。

因為知悉自己的狀態，自然會有股覺察會升起，幫助自己。

輕鬆培育「專注力」

四年級的楚楚被安排坐在窗邊的位置，上數學課的時候，老師在黑板寫下一個有趣的題目，要大家比賽誰先解出，楚楚拿出紙筆抄下題目演算著，算著算著他聽到窗外的鳥叫聲。

楚楚將頭轉向窗外，看見旁邊幾棵隨風搖曳的樹，樹的背後襯著藍藍的天、白白的雲，接下來他繼續循著聲音來源，找到了鳥媽媽正停在右前方的樹梢上，餵著鳥巢中啾啾叫的幼鳥，他甚至還看到了幼鳥嘴中咬著的蟲子在蠕動。

楚楚看了一會，隨後注意到自己停止運算的手，然後又開始回到還未解完的有趣數學題。當他注意到現在幾乎完成解題了，就舉起手向老師說：「我解出來了！」

在這個故事中，你認為楚楚的注意力放在那些事物上？什麼引起了他的注意，把他的心從解題中拉走？他的注意力有什麼變化？他又是如何重新聚焦注

意力？（因為注意到停止運算的手）他為什麼要重新聚焦？（因為想要解有趣的題）

「注意力」真是很奧妙和有趣的東西。

我們生命中的每一刻都在注意不同的事情。比如：早上起床、鬧鐘響起、聽新聞、吃早餐、工作的事情、家人、孩子、一天裡的影像和聲音……就像你注意到現在正在看這本書、或者正聽到窗外的車聲、正注意到肚子餓的感覺等等。

每時每刻，有大量的環境資訊（景物、聲音、人）、身心現象和感受、手頭的任務、頭腦的想法……等等正在轟炸你，注意力能幫助你選擇在特定時刻需要注意的目標。而這份專注的能力是每個人日常生活的基礎。

很多時候我們的注意力會環視四周，繼而聚焦在值得注意的事物上。

當你注意（留意）事情時，就好像把手電筒照向某個物體，你會把注意力引導和保持在一個目標上。比方說楚楚的注意力在看老師寫在黑板的題目；在看著鳥媽媽的餵食秀；在解著數學題。

就像能放大縮小的手電筒般，我們還可以選擇把注意力拉近縮小，例如楚楚注意到小鳥嘴中的蟲；或是選擇擴大注意力，例如楚楚看到窗外的樹、天空、雲、鳥等等。

總之，每當「注意力」發現了有趣的事物，它就會在那逗留一會兒，探索當中的體驗。就像你聆聽別人的對話內容，你觀看窗外的人，或是回想一段痛苦或美好的回憶，幻想著午餐該吃什麼。

讀書的時候，我們會把注意力集中在書頁的字詞上；畫畫的時候，會把注意力集中在紙上的畫筆或握住筆的手。在舞蹈課學習新舞步時，我們可能會把注意力集中在老師的腳來模仿他，或者用更廣泛的注意力，留意身體運動以及聆聽音樂。

有時候你會發現，你好像控制不了注意力，尤其在遇到突發或更有趣的事情時，比方說：聽到鳥叫聲，你的注意力就這樣被其他聲音或影像吸引。有時候，注意力還會漫無目的四處遊走，或者分心在各處，在一處停頓片刻，又到別的地方，甚至只感到睏倦或腦袋一片空白。

還記得故事中的楚楚嗎？當他注意到**「當下停止運算的手」**，注意到**「他想要解有趣的題」**，於是注意力就回到寫數學題。

是的，透過留意到當下狀態及留意到自己的意願，就可以有覺察的選擇如何聚焦你的注意力。

留意自己的注意力在哪裡，並將注意力集中到想要關注的事情時，會活化能夠控制注意力的腦區。如同舉重可使身體的肌肉變得更強壯，鍛鍊注意力可使控制注意力（調節執行功能）的神經網絡變得越來越強大，會變得更善於集中注意力。

我們時常告訴孩子你要注意！集中注意！注意力不要渙散！但是從來很少解釋注意力是什麼？注意力的特性為何？注意力是如何開放與聚焦？又是如何調節？也從來很少教導孩子該怎麼帶回注意力或如何加以鍛鍊。

接下來的親子活動，可以了解注意力的特質，和自己正在注意的事物有連繫（覺察），知道專注當中的經歷，透過遊戲將注意力帶到當下，幫助孩子鍛鍊注意力。

當注意力的肌肉強壯了之後，能幫助孩子應用在很多方面：比如做計畫時、學習新技能時、或是調節情緒時。

遊戲 2

玩轉注意力（適合年齡：請依孩子的年齡做語調和語詞的調整）

準備道具：有大小焦聚功能的手電筒。

遊戲方法：

和孩子說：我們都有一種能力叫做「注意力」。它就像這個手電筒，可以探索周遭，我們就是手電筒的主人，可以指揮注意力。

「注意力」很奇妙很容易被正在發生的和有趣的事物帶走哩！（爸爸媽媽用當下的環境說明。）

很多時候我們的注意力會四處看看（手電筒掃射，問孩子現在你注意到空間有什麼？）

然後聚焦在想注意的東西上，當你選擇了注意到的東西時，就好像將手電筒照在這個東西，就把注意力引導到這，並保持在一個目標上。

試著把手電筒照向一件在空間上容易被孩子忽略的東西，鼓勵孩子也和孩子一起仔細地觀察該物件：它的線條、顏色和形狀等等。

接下來和孩子一起探索注意力的各式面向：

可以選擇把注意力拉近（把手電筒的照射範圍收窄，只讓光線照在物件的其中一部分），或選擇擴大注意力（擴大手電筒的照射範圍）。

甚至可以在自己的身體上集中注意力（把光線照射在手掌，然後再聚焦在其中一隻手指上看看紋路等等。）

但是，我們有時候會控制不了注意力，比如說遇到突發或有趣的事情：

此時父母可以製造一些突發聲響如：故事書掉下來、玩具的聲音等等。讓孩子的注意力被其他聲音或影像拉走。

跟孩子說明，我們的注意力會像這樣四處遊走（讓手電筒的光線漫無目的地遊走：在一處停頓片刻，又再照往別的物件去）。

再跟孩子說：在另一些時候，我們甚至有這樣的感覺（關掉手電筒），我們只感到愛睏或腦袋一片空白。有過這樣的感覺嗎？還記得在什麼時候嗎？（可以一起聊聊彼此的生活經驗）

最後回到現在，問問孩子注意自己現在的注意力在哪兒？是大範圍？還是小範圍？是在聽爸媽說話？還是注意到其他？

也可依情況讓孩子帶著手電筒，探索內外在環境，玩轉注意力！

當孩子更了解「注意力」，就可以有意識地、有覺知地使用自己獨一無二的手電筒。

當然在生活中，父母也可以運用各式遊戲培育孩子的注意力：

「拍拍手」（我拍幾下，你跟著拍幾下），之後可讓孩子當發出指令的人。
「頭兒肩膀膝腳趾」邊唱邊觸碰唱到的身體部位。
坐車時玩「數字接龍」、「故事接龍」。
和孩子一起玩樸克牌「撿紅點」、「心臟病」等等。

在遊戲中，孩子需要集中注意力以及轉換注意力，記住規則並且展現控制力（衝動控制、調節情緒等），才能玩得好。

在這個輕鬆的遊戲中，孩子就是在訓練自己留意、集中、轉移注意力（處理需要注意和調整資訊）的大腦肌肉。

現今許多孩子玩著3C產品，雖然也會幫助孩子有些反應技能，但是卻會錯過開發其他關鍵的人際交流、生活能力，以及關懷人文環境等等能力。因此父母可鼓勵孩子除了3C產品，多元參與各式遊戲是很重要的。

也許有些父母會反應：「平常上班已經很累了，哪還有時間陪小孩玩遊戲呢？」

就算只是親子一起跑步、在公園散散步、騎腳踏車、玩飛盤等等也可以，除了親子一起透過輕鬆的遊戲紓壓之外，也能讓孩子在遊戲時放大平常四倍的注意力。

輕鬆玩就好

提醒爸媽，所謂的注意力集中，並不是要完全專注，而是對於正在發生的事，在當下能察覺到的意思。若是強迫孩子專注，這樣反而容易太用力和緊繃，沒有彈性空間，因而疏忽些訊息，造成失誤。

當你發現孩子注意力游移時，不需要苛責「為什麼注意力跑掉了」，保持友善和鼓勵，會幫助孩子更容易重新集中注意力。

當然如前所說，不需要太用力保持專注，只需輕鬆地留意自己的注意力正在遠離需要專注的地方，然後標記一下自己的注意力去哪兒了？（例如：喔，我注意了鳥叫聲）接下來，便能將自己的注意力，如同可手動變焦的手電筒，慢慢帶回來（對焦）到現在正在做的事。

當父母可以這樣和注意力相處，也會更清楚如何培育孩子的注意力，透過上述活動能幫助孩子活化控制注意力的腦區，不僅有益學習，也能幫助孩子調節情緒與社交，也較能在面對壓力時，主動覺察。

保持好奇開放的心

某天早上農夫起床，發現家裡的馬跑掉了。消息很快傳了出去，鄰居得知這件事，感嘆道：「運氣真糟！」農夫回答：「再看看吧。」

第二天，農夫家的馬帶了另一匹駿馬回來，鄰居讚嘆：「真好運！」而農夫又說：「再看看吧。」

過幾天農夫的兒子騎上駿馬，但這匹馬猛然躍起，農夫的兒子雖然想控制牠，仍被摔到地上，跌斷了腿。

鄰居驚呼：「太可怕，太不幸了！」

農夫維持一貫的反應：「再看看吧。」

當戰爭發生時，村裡的年輕男子都被徵召入伍，農夫的兒子因為腿斷了無法從軍。鄰居向農夫表達慶幸之意，農夫聳聳肩並說：「再看看吧。」

任何的事都不能單純判斷幸或不幸、好或壞，像農夫一樣保持開放和好奇，知道自己「不知道」，而不是馬上論定和評價，放下固定觀點，心才能有彈性開放；放下對「知道」的定論，心才能有空間好奇。

我們知道的不多，而不知道的事遠比知道的多更多。

「再看看吧」也是一種放下的態度，對「不知道」敞開和接納。這個「知道自己的不知道」像是一股清新的空氣與敞開的胸懷，並不是搞不清狀況的困惑，是對於我們還沒有找到答案的事，保持開放和好奇。

初生的嬰兒，雖然對這個世界一無所知，但天生的純真與好奇，帶領著他們探索奧秘。然而隨著教養與社會化，許多孩子卻慢慢失去這分純真與好奇。取而代之的是怕犯錯、怕丟臉、怕被罵……由於害怕和恐懼，想控制住所有（人事物），而導致身心緊張（睡不著、焦慮、被動、自我批評、批判別人等）。

如何讓孩子保有本來的純真與好奇，不被評價綁住自在探索的天性，是爸媽需要看見和努力的。

當孩子漸長（尤其是青少年）能對「自己不知道所有答案」的事實感到自在，那些與「不知道」有關的負面意涵，就不再那麼困擾他們。當他們不再急於立刻得到答案，就能夠從容的對所有事做出回應，也比較能夠接納其他觀點，並且對於尚未發生的事感到好奇。

你可以和孩子分享農夫的故事，一起試試對生活保持好奇與開放的心，一起練習接納生命的複雜性與不確定性，就像故事中的農夫一樣，當理解這點後，就能平穩的、自在的用好奇與開放面對不知道，而不馬上以評價來困住自己。

我會這樣培育孩子的好奇與開放：

遊戲 3

外星人來地球（適合年齡：所有年齡皆適宜）

在適合的時間和地點，邀請孩子試試看就像外星人來到地球一樣，第一次吃到地球的食物（蘋果、巧克力、點心、蔬菜……），第一次看到、聞到的東西等等，無論之前的經驗如何，每一次都是全新的體驗。

遊戲 4

一起聽聽歌（適合年齡：所有年齡皆適宜）

找個孩子常聽和喜歡的音樂、歌曲等，一起試著專注其中某個樂器或某個聲音，比如鼓聲，一次就找一個，看看有什麼新發現？

有個少年就這麼說：「我察覺到很多以前沒注意的細節和聲音，其實我已聽了不下百次，但我從來沒聽到這歌曲中有那個細細的雨滴聲。」

打開好奇的注意和覺察，就可能有新發現。對大一點的孩子，還可以帶著孩子反思：除了今天這首曲子，你在生活中有沒有像這樣的經驗或其他事情，可能還可以去發現有什麼遺漏的呢？

遊戲 5

問問題打開覺察與好奇（適合年齡：所有年齡皆適宜）

親子一起讀一本書、看一部電影，或只是和某個陌生人擦肩而過時，用**「真好奇，我想知道」的問題來打開孩子的覺察和好奇心。**

例如：「真好奇他在做什麼？」「你猜她要去哪裡？」「我們一起猜猜他們

為什麼要這麼做？」

當孩子放學回家，關心孩子並問問：「今天過得如何？」「有什麼新發現？」

在生活中減少說「不行」、「不可以」，而試著說：「讓我們看看會發生什麼？」

對孩子的提問不馬上給出答案，可問問孩子：「你怎麼看的呢？」「哇，你怎麼知道？」或「你是怎麼找答案？」

只要保持好奇開放，生活中無處不是學習！

有力量的安靜

我在輔仁大學全人教育課程開了一門正念減壓相關課程，在學期末的學習分享中，有個體育系三年級學生說：「因為是運動相關科系，常在大量運動的課之後，下堂課馬上要進入安靜的課堂，這好難。自從修了正念減壓，上課一開始老師帶大家做有力量的安靜，我運用在課堂轉換間自己練習，就能安住自己，準備好進入後面的課，出奇的專注力變得很好。」

另外有個一直有睡眠障礙的化學系四年級學生：「睡覺前做練習，能幫助自己放鬆較快入睡。」

一個音樂系四年級的學生說：「我很容易焦慮緊張，表演前用『有力量的安靜』緩和自己，讓我能夠在畢展充分發揮自己的水準，太開心了！」

雖然我用「成長團體」的方式來帶通識課有點辛苦，但我很開心每學期這門練習「有力量的安靜」的課程，讓同學都受益。

什麼是「有力量的安靜」？

在家或學校，大人會大聲吼「安靜！」或者訂定很多罰責，如果吵鬧就如何如何……因為怕大人生氣、怕被罵，我們大多會把嘴閉上（但心不一定），這個是「脆弱的安靜」，是因應他人或權威的要求，被迫保持安靜。而**「有力量的安靜」是因為明白安靜的好處，有意願刻意地讓自己安靜下來。**

你玩過雪花球嗎？

一直搖動它，除了看不清玻璃球裡的物件，也無法清楚透視。但當你靜置一下雪花球，就可以看清楚玻璃球裡面物件，也能透過清澈玻璃看清後面的景物。

有力量的安靜是讓自己刻意的停下來，品嘗到清澄、平靜的力量，甚至體驗到快樂。

邀請孩子一起試試看吧！

遊戲 6

安排「有力量的安靜」的練習角落（適合年齡：所有年齡皆適宜）

每個人的家可能都有客廳或遊戲的地方，用來看電視或做日常起居，但是可能沒有一個空間可以好好關照平和、重拾平靜，沒有一個可以安全獨處（不是孩子不守規矩時，罰坐的禁閉椅或面壁思過的地方），整理與沉澱一下自己的地方。

如果可以和孩子一起布置出這個小空間。比如：放一個地墊、舒服的毯子，或放著鮮花的小桌子。把這個地方命名為「安全和平角落」或是「安全窩」。

你也可以在裡面擺些有遊戲療癒效果的小東西，像是：柔軟的填充動物、軟球（舒壓球）、彩筆與紙、小書、靜心瓶等等。當孩子心情不好或煩躁時，讓孩子知道可以來到這裡放鬆心情，或是先避開惹惱自己的人，在這休息休息，覺察呼吸一會兒，安靜的塗鴉或是抱抱布偶。

當然，這個空間父母也能使用！

家人們有個默契，只要進到這個安全區，就是需要獨處，想要有力量的安靜一下，請不要干擾對方喲！

遊戲
7

玩玩「瓶子裡的心腦」（適合年齡：所有年齡皆適宜）

準備道具：有蓋子的透明瓶子，可以緩慢沉入水中、不同顏色的沙粒（粉），碎石，各種顏色的豆子或者小物件等等。

作法：

在瓶子裝入八分滿的清水，和孩子說：「這瓶清水就像是心平靜的樣子。我們每天都會做許多事和活動，比方說：起床、吃早餐、玩遊戲、上學、寫功課、看電視……在做這些活動的時候，你會有什麼念頭、想法或感受跟著出現呢？」（你可以準備些寫上或畫上各種念頭、想法與感受的卡片，幫助孩子表達一個又一個出現的念頭、想法和感受。）

當孩子說出任何答案，如：真想賴床不想起來、不能多吃些果醬真討厭、很開心用積木堆出小城堡、和同學吵架、愛睏不想寫作業、很快樂、有些煩、感覺無聊……無論是什麼，請孩子選擇一種能代表自己的想法或感受的彩色沙粒或小物件，一個一個陸續抓起撒到瓶子中，當孩子差不多說完自己的想法，接下來蓋上瓶蓋，上下左右搖一搖，讓孩子看見這些沙粒或物件在水中漂浮旋轉的樣子。

這時候和孩子分享：現在這個瓶子裡有很多色彩與東西旋轉著，就好像我們每天做好多好多活動和事情的心與腦，非常豐富多采多姿。但是有一個麻煩，就是從混濁的水瓶沒辦法清楚看見你的表情時（此時父母將水瓶放到自己眼睛的正前方），可能就會誤解你的意思。有時候當我們害怕、緊張、生氣、很煩的時候，這個混濁的水瓶轉動得更激烈（說明的同時，請用力不斷上下左右搖動水瓶），這樣就更沒辦法看清楚，而且還可能會頭昏腦脹不舒服呢！

接著問問孩子：最近有這樣的情況出現嗎？爸媽可以一起分享自己的經驗，例如被老闆退件、家事做不完、急著打卡等等情況，就可能出現心腦混沌的狀況。

接下來停止搖動並靜置水瓶，和孩子一起觀察水瓶內會發生什麼變化？等待所有的物件慢慢沉澱，跟孩子說：當我們停下來，安靜一下，暫停動作一會兒之後，心與腦也會像水瓶中的水一樣發生變化，各種念頭想法和感受會慢慢沉澱下來（就像瓶子裡的物件），當瓶子裡的水再度清澈、不混濁，頭腦和心也會變得清澈，身心也會變得平靜舒適。

【如何製作靜心瓶？】

材料：可以栓緊蓋子的長型透明瓶，透明膠水，各種顏色金粉（請選擇放入於水中不會退色的金粉），清水，透明膠帶。

作法：

帶著孩子在瓶子八分滿之處做個記號。

不超過記號的量，大約以清水7：膠水3的比例，裝入瓶子。

請孩子選一到三種不等的金粉（可以多準備瓶子，讓孩子實驗粉量和不同顏色混合出不同效果）。

完成後，蓋上蓋子，並以透明膠帶加強封口，使之不漏。

用力上下左右搖，讓清水、膠水和粉充分混合。

一起觀賞搖動後的瓶子內的風景和變化。

分享看著金粉落下的心情和想法。

提醒孩子這是你個人專屬的靜心瓶，有需要的時候可以拿出來靜靜欣賞搖動後的瓶子，陪伴自己安定心與腦喔！（例如：放在書桌或有力安靜的角落。）

遊戲 8

像山一樣安穩坐著（適合年齡：所有年齡皆適宜）

練習前先嘗試幫助孩子尋找穩定的坐姿。

可以先和孩子玩有趣的體驗——試試全身無力地癱坐在椅子上。這個感覺如何？傳達著怎樣的態度？再試試像士兵一樣嚴肅直坐，腰背用力挺直。這個感覺如何？又意味著怎樣的態度？然後看看孩子能否找到放鬆但莊嚴，肩膀和胸膛放開，坐得正直而不僵硬，舒適又穩定的姿勢。

找到後感覺一下，無論是雙腳踏地在椅子上坐穩，或盤腿席地坐都可以，讓自己像一座山穩穩的、放鬆但莊嚴的坐著一會兒。

也可以請孩子閉上眼睛，同時讓注意力像手電筒一樣，集中在肚子上（如果需要可用手輕觸著肚子），感覺每次吸氣吐氣時，肚子的上下起伏。就這樣穩穩的坐著，感覺一下自己的呼吸（可依孩子的年紀和狀況調整時間長度）。

練習結束後問孩子：現在你的感覺如何？如果孩子在這一至三分鐘內真的感到很平靜，在孩子發表意見時讓他們多說說感想，如果孩子的回饋有類似是「平靜、放鬆、快樂」等等答案，讓孩子試著辨識出這樣的感覺。

父母可以串連「水瓶中的心腦」——就像瓶子裡的水一樣，靜靜地坐一下，你的頭腦和心會變得清晰，之後心平氣和的繼續做想做的活動。

在做「像山一樣安穩坐著」遊戲時，請注意確保是否適合孩子的年齡，例如千萬不要一開始就讓一個五歲孩子安靜坐二十分鐘。更重要的是，你要先自己練習這個遊戲，才能跟孩子分享經驗。

你可以邀請孩子在寫作業前、玩遊戲後、考試前、公眾演說表演前、等待的時候、吃飯前、睡覺前……所有任何需要的時候來玩「有力量的安靜」遊戲6至8，實驗看看會如何？

剛開始做這三個遊戲時，可能會覺得保持安靜有點怪，一旦習慣以後，你和孩子都會發現「有力量的安靜」很有效果，會讓你的心靈降躁（燥），能幫助心安頓下來，當你的心清澈了，就更能專注於接下來做的事或活動。

善用呼吸好朋友

有個參加兒少正念成長團體的孩子，令我印象深刻也令我感動。

在第六次團體活動進行時，他分享在數學考試時，看到第一題就不會寫，心想完蛋、慘了……感覺自己緊張到心好像要跳出來，突然想到在團體一起練習的「呼吸覺察」，立刻放下筆，閉上眼，腦海中浮現小木木（孩子稱呼我的綽號）

帶大家做呼吸覺察的聲音，試著在團體中做練習一樣，就這樣做了幾分鐘呼吸覺察，覺得呼吸和心跳比較平穩後張開雙眼，再回到考卷上發現第二題會寫，就這麼寫著寫著到最後一題，居然還有時間回到不會寫的第一題，也解出了八成。

呼吸是每個人最忠心的好朋友。不只維持著生命，也透露出當下身心狀態的訊息。比如：緊張、焦慮時，呼吸較為短快淺；自在放鬆時，呼吸較為長慢深。透過呼吸覺察這個好朋友，可以了解自己的當下狀況，而能有意識地給自己的身心最適切的關照。

許多科學研究證實，當人在壓力來襲時，透過專注呼吸，可以讓身體獲得更多的氧氣能量、活化並整合大腦，能夠更平靜看清問題，應付眼前的困難。在一次又一次的呼吸之間，情緒壓力能得到減緩與釋放，副交感神經系統會調節因交感神經系統出現的緊張反應，使激發程度過高的生理反應回歸到較穩定的狀態。

也就是說：呼吸像遙控器一樣，當你減緩呼吸速度（在一分鐘呼吸4至6

次）或讓呼氣長於吸氣時（如7—11呼吸法），可以調節迷走神經，接著調節身體或生理系統（例如：心跳慢下來、體溫降下來、肌肉臟器從緊繃到舒緩等，再反過來調節我們的大腦，關閉危險的警報。於是血液可以流向大腦的各部分（包括前額葉），發展或啟動思考，控制衝動，調節情緒，使我們能夠更清晰地集中注意力，能夠真正思考事物，同時啟動大腦中與情緒智力和社會智力相關的運作）。

「呼吸」就是在現在、當下發生！不像頭腦的想法、念頭，常常跑離「現在」，漫遊於過去、未來或執念中。當你覺察呼吸的瞬間，注意力可以離開頭腦的紛亂，自然來到注意身體此刻一呼一吸的感覺。

呼吸之於我們就像錨之於船，可以使一艘船在茫茫大海定下位置。如果一艘船飄遠了，錨可以將它拉回來穩住。當心思散亂，心神不寧，無法專注當下時，可以透過這個錨——呼吸覺察呼吸，順勢溫柔地將注意力拉回到此時此刻。

好好讓孩子認識這個一輩子的好朋友（不用花錢、隨時在身邊），並善用它來幫助自己，將會造福孩子的一生！

有哪些遊戲可以與孩子一起覺察自己的呼吸好朋友呢？

遊戲 9

小肚肚呼吸法（適合年齡：幼兒）

請孩子找個小玩偶（或小書、小枕頭），將這個有點重量的東西放在肚子上（或手輕輕放在肚子上），躺下，將注意力放在肚子上，感受一吸一呼時，小玩偶的上下起伏。

遊戲 10

五指呼吸法（適合年齡：幼兒童）

透過打開一隻手的五根手指頭，先用另一隻手的食指碰觸大拇指根部，依續沿著大拇指到小指，從根部到指頭時吸氣，從指頭到根部時吐氣。就好像帶著手指爬上爬下另一隻手的五指山。這過程由於加入觸覺感官和算數，會讓孩童注意力較容易聚焦，感覺著自己的吸氣與吐氣。

遊戲 11

喝杯熱巧克力奶呼吸法（適合年齡：幼兒童）

用雙手當杯子，就像捧住一杯熱熱的巧克力奶，鼻子吸氣時，彷彿聞著香醇的巧克力奶，然後用力吐氣吹涼它。慢慢的吸氣，聞聞它，深深的吐氣，吹涼它。

遊戲 12

7—11呼吸法（適合年齡：兒童與青少年）

吸氣的時候一起數到7，吐氣的時候一起數到11。

遊戲 13

蝴蝶呼吸法（適合年齡：幼兒）

全身四肢向外伸展時吸氣，全身四肢收回時吐氣，就像一隻蝴蝶般自由地張開、閉合。

遊戲 14

忍者呼吸法（適合年齡：所有年齡皆適宜）

如同一個忍者般，盡可能呼吸時不發出聲音，完全安靜。雙手掌心移動來到胸前，呼氣時雙手往外張，吸氣時往內翻，保持沉默地把氣吸進身體和吐氣出去。如果年齡適合，也可以和孩子分享呼吸與大腦的秘密：安靜地專注呼吸上，會刺激我們的大腦前額葉皮質，一次一次使神經系統安靜，這樣會讓覺知像忍者一樣敏銳。

當然，你可以和孩子一起動動腦，發揮創造力，想出各種有趣的呼吸方式，如「氣球呼吸法」、「花朵呼吸法」、「水之呼吸」、「火之呼吸」等等。當自已有需要的時候就拿出來用一用！

練習呼吸覺察遊戲時，請將遊戲方法與孩子們的興趣和年齡狀態搭配，要求大孩子去做蝴蝶呼吸練習，通常他們的意願和配合度會很低。針對青少年我會邀請他們一起做無聲嘆氣遊戲。

當人們在嘆氣時，它會減緩呼吸的速度，如此一來會刺激副交感神經系統傳遞全身舒緩的信號，於是神經系統會關上戰鬥模式，開啟放鬆消化或友好反應的系統。

這就是為何當我們結束艱難的一天時，或者處於沮喪時，會下意識嘆息的原因，那是我們的身體在進行切換。它在說：是時候重設呼吸了，是時候重設身體了，是時候重設大腦了。嘆息就是按下那個重設按鍵，如同你在經歷與孩子相處或在一天工作、通勤交通忙碌後所發出的嘆息聲，我們的身體會聰明地尋求平衡。

當青少年（孩子）大聲嘆氣時，也許會令和他在一起的大人產生不悅、心煩或生氣的反應。請你了解，這是每個人幫助擺脫挫折的機制，他們正在調整自己的呼吸，自動調節身心的反應。

若青少年（或任何人）不想產生人際之間的誤會（嘆氣並不是厭煩對方），也許可以多多練習做不發出聲響的嘆氣。

遊戲15

無聲嘆氣法（適合年齡：兒童與青少年）

先一起練習一個大聲的，加上身體動作的嘆氣。然後，再試著做一個安靜的嘆氣。先吸氣，然後發出長長的安靜地吐氣，一直到這口氣完全吐出，感覺一切都被吐出。

這是重新調整呼吸，巧妙且社會化的嘆氣法，有節奏規律的安靜嘆息（呼吸），能幫助身心調節。

「呼吸品質」是個信使，當人在感到壓力時，呼吸會變得有點粗重和急促，例如發生在：孩子要寫功課前、孩子緊張時。而當孩子集中注意力時，比方說專心做事、玩玩具時，你可以聽聽他們的呼吸，大多是較緩慢平和的。

身為父母，只需傾聽「孩子的呼吸」，你就會知道什麼時候需要帶著孩子做呼吸覺察遊戲，例如，何時請孩子再喝一杯「熱巧克力奶」放慢呼吸。

當你和孩子一起進行前面介紹的各種呼吸遊戲時，就是在幫助孩子建立與前額葉皮質的神經連繫。

對著電腦螢幕好一陣子、與朋友在外面玩耍後……呼吸覺察真的是幫助孩子安頓心的好方法，能夠專注於接下來要做的事情或活動。

當然，父母自身的練習也很重要，除了陪孩子一起遊戲，你也可以參考《心念教養》書中提供的呼吸覺察方法自行練習喔！

回到前面在考場中，透過呼吸覺察安定自己而寫完數學考題的男孩。其實這個孩子在每次團體練習時，都會抱怨「又要練習唷」！而我在他每次抱怨之時，就只是一次又一次邀請：來之則安之，反正無害，無論時間長短你就試試看嘛！男孩就這樣跟隨著團體一次又一次的練習，當他在需要（考數學）時，便能自然而然使用這個技巧來幫助自己。

只需帶著耐心和熱誠，一次又一次練習本章所介紹的遊戲，無論是輕鬆的專注力、保持好奇開放的心、有力量的安靜、有覺察的呼吸，相信孩子「心在當下」的大腦迴路就會越來越強壯，並在需要的時候協助自己度過慌亂的時刻。

CHAPTER 2

與自己的「身體」和「五感」在一起

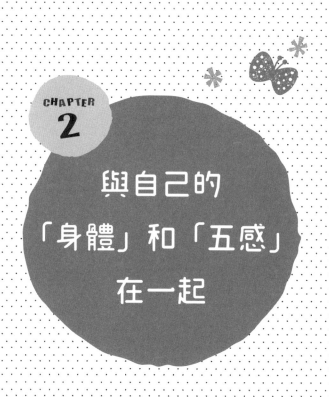

在一次正念兒少夏令營，我帶孩子們一起躺在教室地墊上，練習兒少版的深度放鬆「身體掃描」。透過刻意將專注力放於身體，一次專注身體一個部位，從腳到頭，掃描身體每個區域，學習辨認出每個剎那出現的感覺。將覺察、善意帶到身體中，而不只是一直要身體工作。單純地只是和身體在一起，重新關愛身體並與之建立連結。

大家對於能躺著上課非常訝異，我也跟大家說：練習身體掃描，最重要的是對身體所經歷的事保持清醒和好奇。但是，如果練習中不小心睡著了，不需要責罵自己，就讓身體休息休息，之後有機會再找個清醒時間練習就好。

練習完，一個女孩掉著眼淚走向我說：「小木木老師，謝謝妳帶我練習，我好久沒有這樣好好睡覺了。」

我聽了很心疼，她才小學六年級，卻深受睡不好的痛苦。

不只大人，如今許多孩子也因為各種壓力，常常沒辦法好好休息或入睡。身體在需要休息時，仍是緊張、腦子裡充滿紛亂的念頭，想要快快睡，快快休息，但是身體怎麼樣也無法放鬆。

身體若要能好好休息，需要大腦能關機，但是就像混濁的瓶中水，心腦的砂粒一直出現，「身體」很難平靜無波。

不過，大腦有個小秘密，它一次只能注意一件事，當注意力在身體，一直停不下來的頭腦就可以暫停和關機了。

因此，當我們把注意力放在覺察身體，頭腦就可以休息，好好關愛身體每個部位，身體也因此可以放鬆，這就是小女孩能夠「睡著」的原因。

只與身體在一起，覺察它、關愛它、放鬆它，是讓身體得到休息、療癒和恢復的機會。

如果你也難以入睡，身體掃描帶來的深度放鬆很有幫助，也許只是躺著將注意力放在呼吸，也是可以。哪怕沒睡著，這樣的練習也可以讓身體休息一下，得到你的關懷。

如果身為父母的你想要更了解身體掃描練習，請參考我為父母量身訂製的

《心念教養》，書中也有聲音引導QR Code帶領你進行練習。

接下來，介紹幾個能夠好好與身體在一起的親子活動。

遊戲16

撫觸式身體掃描（適合年齡：幼兒童）

幼童期的孩子仍在具體運思期，加上注意力的控制大腦也還在發展中，透過具體的撫觸，更能讓孩子有聚焦的錨點，一步一步地打開身體的覺察。

你可以請孩子躺下來，如果不行，用任何他們做得到的放鬆姿勢都可以。

接下來告訴孩子，你的手就像掃描機一樣，被你的手輕碰到的地方，就會有神奇掃描的功能傳到孩子身體裡，請孩子試試收訊息。例如手輕柔撫摸胸口，你問：這裡有什麼感覺？

你也可以先讓孩子當「溫柔」的掃描機，請他的手試著放在你身上任何一個部位，然後你說出該部位現在的身體感覺，也許會感受到各種經驗，熱或冷，濕潤或乾燥，硬硬的、軟軟的、疼痛的、痲痲的，或者是癢感，輕或是重，不同種類的感覺都可能出現。有些是舒服愉快的感受，有些則是不舒服不愉悅，也或許一片空白，都沒關係，就只是單純的把感受說出來。

親子可以一起探索（交換），要注意的是，每個人對碰觸會有不同感覺，請用感到安全的力道和舒適的方式，在孩子感到安全的身體位置進行安全的碰觸。

當你作為孩子的掃描機時，可以從腳、小腿、大腿、肚子、胸口、肩、脖子、臉、嘴、鼻、頭一步一步引導（你可以省略任何一個與你在一起的孩子不合適碰觸的部位），除了請孩子說說有什麼感覺之外，每一個部位結束前也邀請孩子謝謝它幫助自己……然後請這個部位放鬆，試著讓這個部位的重量交給大地（床），好好休息。

如果在睡前進行，不一定要完全進行全身掃描，也許只是幫助孩子的雙手、雙腳、以及頭部放鬆，讓孩子能深度休息。

遊戲 17

找找安心的拍拍（適合年齡：所有年齡皆適宜）

當孩子感到不安、身體不舒服時，輕柔的撫觸是很有幫助的。因為輕柔的撫觸會讓人體緩和壓力的激素上升。透過溫暖、關懷和溫柔的方式將手放於身體上，會讓人感到安全、舒適，除了生活中透過你直接行動示範（對自己做、對孩子做），幫助孩子學習自我安撫、拍拍抱抱自己的身體。

邀請孩子一起探索自己做得來、也能幫助身體感受照顧和安全的拍拍。如：一隻手（或雙手）搭在心上，輕柔的拍拍自己胸口，雙手或單手輕撫肚子，摸摸臉，雙手環抱自己，輕柔撫拍手（手臂）等等

在探索拍拍身體各個部位時，請孩子花一些時間感受一下手碰觸自己身體的感覺和支持感，並且研究一下拍法和力道。

在生活中，有需要時都可以給自己幾個安心的拍拍！

和孩子一起創造各式身體放鬆遊戲

遊戲 18

我在光的瀑布下

（適合年齡：兒童與青少年〔此練習發想於梅村禪修經驗〕）

站著、坐著皆可，想像一個美麗的瀑布帶著溫柔的白光在自己的身上流淌。

它流過腦袋，幫助腦袋放鬆。感覺到腦袋在放鬆。

光的瀑布沿著脖子和肩膀流下。脖子和肩膀正在放鬆，釋放它所承受的所有緊張和壓力。現在瀑布流到了雙臂。感覺雙臂也在放鬆，雙臂無所牽絆。

瀑布流過背部。背部正在釋放壓力，感覺放鬆。

瀑布流過你的胸部、胃部，幫助胸部、胃部放鬆。感覺胸部、胃部十分放鬆，釋放緊繃，感覺鬆了鬆了。

瀑布流向你的雙腿雙腳，感覺雙腿雙腳放鬆、休息。

帶著白色光芒的美麗瀑布流遍全身。感覺非常平和、放鬆。

在這光的瀑布中停留一會兒，感覺它放鬆了身體。

遊戲 19

和孩子一起泡泡麵（適合年齡：幼兒童）

跟孩子說，有時候身體就像還沒加熱水的乾泡麵，沖熱水後開始軟化，從頭到腳。想像身體就像還沒泡開的麵，開始溫柔地倒入熱水，從頭到腳，我們一起讓身體泡泡麵。

透過以上遊戲能幫助自己和孩子感到平靜與放鬆，但並非每次都能一定如此，請允許當下的各種可能。遊戲的出發點是開發孩子覺察當下身體的感覺，並帶著善意和關懷靠近身體的感覺和感受，並不是企圖改變他們的感覺。

所有小遊戲都可以先試著由父母直接引導，若孩子願意，也可以把引導交給孩子。重要的是讓遊戲輕鬆有趣。

喚醒五感覺察力

你可曾玩過蒙眼走路遊戲？當眼睛被蒙住時，耳朵的辨聲能力似乎變得更靈敏，觸覺與空間敏感度也會有驚人展現。

海倫凱勒十九個月大生了一場大病，使得她從此再也看不見也聽不見。據說她與人共處一室時，運用嗅覺就可以知道他們正在進行的工作，她透過從事者衣服沾染上的木屑、鋼鐵、塗料與藥物的味道覺察，當一個人從一處快速到到另一處，海倫凱勒可以從味道知道那個人到過廚房、花園或病房。

當某種感官失能，其他感官變得更加敏銳的程度真的很不可思議，人的每種感官都有無限可能。

我有個原住民朋友，我們一起爬山，他總是可以看到我沒察覺到的生物、聽不到的鳥鳴和流水聲、聞不到的花草香，當然體能與反應力也是我比不上的。朋友的五感開發度超高，和他在一起，總是樂趣滿滿，獲得驚喜的發現。

人類透過感官感知，透過感官彼此交融，也形塑對世界的認知。如果疏離或關閉了具有感受力的五感，孩子會失去很多可能性。研究顯示，感官知覺開發和啟動，跟整體表現與學習的提升以及幸福感有緊密關聯。

而父母若能與孩子一起用開放的身心迎接五感體驗，還可以幫助孩子鎮靜大腦。

大腦透過感官（任何一個，只要當事人願意、喜歡）能夠輕鬆進入當下。因為「五感的觸點發生」總是在當下。與頭腦內的想法不同，我們的念頭總是會跑來跑去，跑到過去、未來、想像的時空……頭腦的「胡思亂想」總會把我們帶到別處，而不是帶到當下。

透過注意力有意識地在各個感官練習「專注於當下的腦區」，專注力的大腦神經迴路會變得越來越強壯。比方說專注地觀察一樣東西，不只能喚醒感官，還能讓胡思亂想或煩惱稍稍安靜下來。

讓我們從眼睛、耳朵、鼻子、舌頭、皮膚等感官的覺察，練習心在當下。

跟與生俱來的天賦好好相處

珍惜自己與生俱來的感官就從現在開始，充分開放五感和磨練五感，讓注意力和諧一致地發展五感，察覺周遭環境帶給自己的感受，去探索內在與外在世界的不同面向。

可以和孩子一起探索的五感活動有哪些？

遊戲 20

說故事給孩子聽（適合年齡：幼兒童）

故事範例：

奇奇在媽媽煮晚餐時，跑到房裡玩樂高，他拉出玩具箱時發出「哐」的一聲，積木全掉出來散了一地。當他用雙手當掃把將積木聚在一起時，他看著、感覺著形狀大大小小的彩色積木順著手移動成一堆。他開始試著拼出他喜歡的車子，這時候他聞到濃香的魯肉味，吞了口水，肚子咕嚕叫。

說完這個故事後問問孩子，故事中的奇奇發生哪些狀況？他注意（留意）到什麼？他是用到什麼感官注意到的呢？身體的那些部位和各種感官有關？除了眼睛、耳朵、鼻子、舌頭、皮膚，還有什麼跟自己的注意力有關呢？（大腦中還有一個區域幫助我們留意身體的各種感覺喔！）

和孩子一起輕鬆地討論和反思，各個感官可能會感受到什麼？如：當你觸摸東西時，會留意到什麼？（重量、溫度、軟硬、移動、粗糙光滑……）

記得在過程中讓孩子了解自己是一個神奇的存在，各個感官和大腦合作感知與留意到這麼多豐富的事物，和孩子一起謝謝自己的感官。

你還可以從生活中找到說故事的素材，例如：孩子洗澡時、親子一起洗碗時、一起逛市場時、郊遊爬山時、在山林中一邊散步一邊享受森林浴時……問問孩子正在用什麼感官探索、發現與調查呢？

和當下的一切同在並感受，告訴孩子：「你是對的！」（感覺沒有對錯，就是當下個人的體驗。）

觸覺

說到觸覺，皮膚是觸覺的器官，皮膚也是人類面積最大的感覺器官。我們透過皮膚和感覺接觸。

皮膚跟情緒也緊密連結，當我們不好意思的時候會臉紅，害怕時臉色發白，驚恐時臉色發青……。若我們持續覺察皮膚，即使沒有碰觸到任何東西，也會感受到皮膚無時無刻在接收環境訊息。皮膚是人與環境的界面，總是會接觸著外界，如：空氣、風、濕度、衣服的質感等等。但是，你的心是否有留意到？你可以跟自己的皮膚「接觸」嗎？

遊戲21

神秘箱（適合年齡：所有年齡皆適宜）

注意：箱子裡不要放入活體動物，以孩子熟悉的日常用品為佳，幫助孩子和日常生活有更多觸覺的連結。

準備不同質地的物品，如：棉花、石頭、砂紙、果實等等，放進箱子裡，讓孩子戴上眼罩，一個一個觸摸，問孩子摸到什麼？有什麼感覺？

之後也可以請孩子自己準備神秘箱讓家人猜猜（大人可以示範如何詳細描述感覺和各種觸感，以及自己是怎麼猜出來的）。

各式變化的神秘箱活動，在生日、節日期間的家族聚會時都可以玩，父母可依照孩子的年紀調整玩法和內容物。

遊戲 22

冷暖自知（適合年齡：幼兒童）

邀請孩子在出門前（上學前）閉上眼，安靜的感覺皮膚十秒鐘後，請孩子說說皮膚感覺到現在空氣的溫度是熱熱的、溫溫的、還是涼涼的（可以用動態的肢體呈現感覺的高低程度），然後，參考天氣預報，請孩子為自己穿搭適當的外出衣著。

日常生活中，你可以和孩子在一起泡湯、走沙灘、抱玩偶、做飯時……任可適當的時刻陪孩子打開觸覺。比方說在服飾店試穿衣服時，邀請孩子感受衣料的質感，並用語言描述出來，然後選擇一件父母的負擔範圍內、觸感舒服又適合孩子的衣物。

遊戲23

共約愛的抱抱（適合年齡：所有年齡皆適宜）

撫觸、擁抱對孩子很重要，撫觸的連結和滋養，遠超過牛奶的營養成分。美國心理學家亨利．哈洛（Harry Harlow）做了一個實驗。哈洛用毛巾做了一個沒有乳頭可吸的「母親替身」，又用鐵絲做了一個形狀相似但配備奶瓶的洋娃娃母親，再讓彌猴寶寶自行選擇要依附那一個。

結果發現，幼猴只是在必須進食時依附鐵絲娃娃，待吃飽後立即慌忙跑回毛巾布母親身上緊抱著。可見動物依附母親（或熟悉的對象）主要是為了溫暖柔軟的安全感，而不只是為了吃。哈洛還設計了會突然噴出一股氣的替身媽媽，需要安全感的彌猴寶寶將它抓得更緊。即使替身媽媽使出「虐待」手段，彌猴寶寶的依附慾望仍不減。

不過有一種媽媽比沒有媽媽更糟，就是冷冰冰的媽媽，可憐的彌猴寶寶此時只會絕望畏縮在另一個角落裡。彌猴會奮力去依附最近似媽媽的對象，更何況是人類啊！

溫暖的撫觸對孩子的心理和生理健康都是很有益的，親子一起玩玩各式的抱抱，全身抱緊的（無尾熊、袋鼠等等各種動物抱），輕輕的抱，拍肩的抱等等，可以依照孩子的年紀，約定「在什麼時候？什麼情況？」需要彼此愛的抱抱。

視覺

根據估計，大腦所吸收的資訊80％都屬於視覺訊息，我們的眼睛每小時處理超過三萬五千個視覺影像，在這樣資訊轟炸的情況下保持專注，是需要練習的。有意識的觀看，放慢速度注意力集中在眼睛，仔細觀看物體的對比、大小、顏色等等，也許會留意到過去從未發現到的小事物和細節。

而運用正念觀看的遊戲可以幫助孩子慢下來，留意小細節，提升注意力，對於閱讀、學習和情緒安穩都會有幫助。

遊戲24

好好觀察自己的生活空間

（房間、浴室、客廳等）（適合年齡：所有年齡皆適宜）

問孩子：有哪些動物有非常好的視力？比人類還好嗎？

讓孩子說出自己的想法（老鷹、獅子……）接著，請孩子假裝自己的眼睛就像動物的眼睛（老鷹、獅子的眼睛），讓孩子站著或坐著，頭可以轉動，才能看到房間的四周。然後非常緩慢地移動頭部和眼睛，仔細的觀察房間四周，注意是否有自己從沒注意過的東西在房間裡。

「雖然你已經在這空間待很久，而且總是看著這個環境，但還是要仔細看看，有沒有以前從未注意到的東西呢？」

等待孩子探索一會兒，接著親子一起分享並且說出來新的發現。即使是平時熟悉的生活空間，依舊有很多是自己從沒注意到的事物。

此外，和孩子一起到戶外散步時，如果時間允許，可以請孩子用自己動物般的眼睛探索，尋找自己從未注意過的東西，像是葉子的形狀，或者是天空、雲朵，或者是房子與汽車。

在孩子上學途上，學校的操場、教室……也能探索觀察，總是會發現一些一直都在那裡，但自己從未注意到的東西。

遊戲 25

福爾摩斯（適合年齡：所有年齡皆適宜）

收集一些相似的小物品，如：小石子、樹葉、蘋果（水果）、花或任何大小相似的東西，將同一類物品放在一起，請孩子（自己）選出一個。

然後，好好欣賞它，用眼睛觀察。它看起來的樣子？顏色？斑紋？光澤？每一個面向都仔細端詳。如果孩子分心了也沒關係，請孩子做前一章介紹過的「呼吸覺察」遊戲，把注意力帶回來，再繼續觀察細節。

幾分鐘後，請收回物品，再全部放在一起，請孩子試著找出自己剛才拿的那一個。找得到嗎？容易找到嗎？請說說為什麼是和不是？

最後，親子一起分享心得。

遊戲26

我說你猜（適合年齡：所有年齡皆適宜）

在大自然、公園、或室內，邀請孩子用新鮮好奇的眼光看看四周，然後在心中選定一個東西，專注觀察一會兒，不要說出它的名稱。讓其他人閉上眼睛，請孩子描述他所觀察的東西，但不能說出名稱，看其他人能不能猜出答案。父母和孩子可以輪流出題。

遊戲 27

天空的雲朵（適合年齡：所有年齡皆適宜）

一起躺在草地，看天空飄過的雲朵。請孩子從雲朵的形狀找出可比擬的物品或動物，親子一同享受這段時光。

遊戲 28

我看到什麼？（適合年齡：所有年齡皆適宜）

在日常生活隨時可找機會玩這個遊戲，例如送孩子上學、逛街購物、通車的過程中，讓孩子環顧四周，說說自己看到和發現的：「我看到……」分享一個之後再換下一個，如此一來可活化注意力的腦區。

有時候父母自己感到心情煩躁、難過、著急、等不及、不平穩的時候，也可以細數自己正看到什麼？一個一個說出來，讓大腦鎮定一下，直到感到平穩平靜了，再回來面對正在做或正要做的事。

遊戲29

嶄新的眼光（適合年齡：所有年齡皆適宜）

準備材料：一些圖畫紙和各種顏色的粉彩筆。

遊戲方法：

與孩子一起畫畫，親子各自想一個屋內的某樣物品並且畫出來。畫好之後，先收著。接著請找出自己畫的那個物品並拿到面前，或是站在物品前面研究它的外觀、顏色，接著拿出畫紙再畫一次。

之後，親子一起討論第一張和第二張的異同，在觀察之後圖畫有任何變化嗎？

準備材料二：兔子與鳥兒、女孩和老嫗的圖片……等等。

遊戲方法：
和孩子一起觀看圖片，請孩子分享看到什麼？還有其他可能嗎？（培養孩子換個角度看事情。）

法國作家普魯斯特曾說：「真正的發現之旅，並非尋找新的景觀，而是擁有嶄新的眼光。」

聆聽

耳朵是身體唯一只進不出的器官，而上帝給了人類一對。耳朵不會說話、只讓聲音進入，讓我們能在當下聽見外在環境所發生的事！

「正念教養」有個很重要的能力「同在」：同頻、同調、同感、共鳴回應，基本的原素就是「聆聽」。聆聽才能打開同在的門，打開愛的空間，當愛被接收到，孩子會安心地再次打開身心，接收你想傳達的分享和教育（請參考《心念教養》一書）。

從小培育孩子聽到自己、環境、世界，也聽見內心本有的「安靜的力量」，除了能夠照顧自己的身心、尊重他人、愛護物品環境，更重要的是能在雜亂吵雜的各式聲音中，或是感到內心世界變得擁擠、散亂而無法專注時，依然可以有選擇，將注意力放在某個聲音作為錨點，尋到內在的安穩和平靜。

遊戲 30

這是什麼聲音？（適合年齡：所有年齡皆適宜）

1．收集多種可發出聲響的日常物品，親子輪流閉眼分辨，猜猜是什麼東西。過程中保持輕鬆有趣和創意。

2．好奇大自然、動物、昆蟲、植物以及生活環境發出的聲音，和孩子一起找找答案。

例如：帶著孩子分辨鳥叫聲，找找相關的鳥圖片。我有個朋友對鳥有著非常敏感的覺知和分辨力，也因為如此成為著名的鳥類攝影專家呢！

遊戲31

音樂欣賞（適合年齡：所有年齡皆適宜）

和孩子一起聽音樂（請選有多種樂器演奏的曲子），播放其中一段，一起認出曲子中的不同樂器聲音。哪些是鼓聲、鋼琴聲、吉他聲？

此外，音樂會引發不同的情緒與畫面，可和孩子一起聊聊，問問孩子聽完音樂有什麼感覺？比方說身體的感覺是？感受到的畫面是？（可請孩子具像化表達出來，例如運用肢體描述或是畫下來）。

遊戲 32

聲音風景（適合年齡：所有年齡皆適宜）

去戶外郊遊時（在家中室內也可以），找到適合的地方，輕鬆的坐下，和孩子約定閉眼幾分鐘，用耳朵仔細聆聽空中的聲音，無論是近的遠的、前方後方、左邊右邊、上方下方……此刻出現了什麼聲音？聲音的大小、強弱、高低、音質如何？會變化嗎？停留多久？漸漸消失，又出現新的？感覺一下聲音的層層疊疊？是否發現到一個聲音和一個聲音之間有空隙？請依照孩子的年紀提出引導語句。

體驗一些時間之後，再請孩子張開雙眼，親子輪流分享聽到的「聲音風景」（很多時候會出現，哇，原來有這個聲音）。

親子也可以分享：當專心聽的時候和隨意聽的時候有什麼不同？留意到的有比較多嗎？有注意力不在耳朵（分心）的時候出現嗎？然後呢？（可以說說

每個人是如何把注意力帶回耳朵，聆聽當下的聲音風景，沒有對錯，就是訓練自己的專注力。）

遊戲 33

親子合唱（合奏）（適合年齡：所有年齡皆適宜）

和孩子一起唱唱都會唱的歌。我唱一句，你唱一句，有些一起唱，有些單獨唱。也可以父母拍出節奏，孩子跟著拍出同樣節奏。一起玩玩專注、等待與合作。

遊戲 34

回聲機（適合年齡：所有年齡皆適宜）

1．約家人一起玩傳聲筒遊戲，親手製作傳話筒，在筒子裡放入寫有文字的紙條，請抽到字條的家人一字不差地唸出來（可依孩子年紀出題，大點的孩子可相約一起出題）。

2．請孩子描述一件事（開心的、有趣的、難過的、煩惱的事皆可），聽完後，把孩子的話，不加油添醋、不給意見，並以「我聽到你說為開頭」覆述一遍。接著角色互換。

以上兩種遊戲方法完成後，請孩子分享：當回聲容易嗎？有漏掉什麼？注意力會跑掉嗎？跑到哪裡了？然後如何幫助自己分散的注意力回來聽對方正在說什麼？

註：親子可約定每日三分鐘的回聲時間，深深聆聽，作為給家人的愛的禮物。

遊戲35

找找平靜安穩的聲音（適合年齡：所有年齡皆適宜）

親子一起找找，聽著哪些聲音會讓自己平靜安定。如：鐘聲、敲三角鐵的聲音、水流聲、雨滴聲等等，就像是聲音的靜心瓶一樣，需要時就可以聆聽一下。

遊戲36

聽見「你」的聲音（適合年齡：所有年齡皆適宜）

我在帶領正念兒童心理劇時，常常會把各種有生命或無生命的物件擬人化，讓孩子打開覺察的天線，拓展更多面向的觀點，聽見自己多元的聲音。

這個「你」可以是身體、眼淚、情緒、想法、食物、物品、家具、朋友、家人……讓孩子一起進入某個角色，體會並以「我就是這個物件」的立場說出想法、感覺或意見。

嗅聞

只要聞到稻香和青草味，心上就會有濃濃童年的滋味，我立刻會感受到暖意。某種氣味與特別的人事物連結在一起，不知你是否也有這樣的經驗：聞到奶香味想起孩子嬰幼期的可愛、聞到桂花香想起小時候奶奶在窗邊種下的桂樹、聞到空氣中的海潮味想到家、白花油的味道是奶奶的味道、雨是沁涼的味道……。

熟悉的氣味總會勾起深藏腦海的記憶和回憶。嗅覺的魔力還不止於此，氣味對情緒也有影響，例如：茶樹清新感、玫瑰幸福感、雲杉自然感、薰衣草放鬆感、肉桂有療癒感等等，這就是許多人會買香水、香氛、精油，透過芳療讓自己放鬆及感受幸福。

嗅覺直接串連大腦邊緣系統，而這裡主管著情緒和記憶。人物、國家、城市、鄉村、建築、房子、陸地、草原、山、湖、海……都有其特有的氣味。

氣味訴說著許多故事，挑起許多情感及懷舊的情緒記憶。氣味和香氣很快地會帶動（或調節）情緒，也能喚醒我們，讓我們沉浸在此刻的芬芳中。

鼻子是精細的器官，但只要被多種氣味淹沒，或太濃重，很快便會呈現疲乏。或者不知不覺嗅覺鈍化了，能偵測的資訊會少掉很多。活化孩子的嗅覺，孩子所偵測到的資訊會更豐富，而且能成為調節情緒的管道。

遊戲 37

聞聞看（適合年齡：所有年齡皆適宜）

日常生活中各種有味道的東西，都可以成為和孩子一起探索的素材。這個東西聞起來的味道是？請孩子用各種形容詞形容一下。也可包括各種食物（吃東西前聞一聞），花草藥草，各式香料（肉桂、薄荷、八角等）。

遊戲 38

我聞到，我感覺（適合年齡：所有年齡皆適宜）

逛市場、超市、夜市、茶葉店，在山林、海邊等等大自然環中，都有許多素材帶領孩子一起玩玩：我聞到什麼？我的身體有什麼感覺？聞到之後心情如何呢？是否曾在哪裡聞到過？有想起什麼事嗎？喜歡還是不喜歡？為什麼？

遊戲 39

我是聞香師（適合年齡：所有年齡皆適宜）

準備些自然萃取的精油（非化學的），或者各種茶葉或香料。和孩子一起找找哪些會讓自己有安定、平穩、舒服、療癒的氣味。

挑選出其中一個，放在所處環境中能安心的空間。邀請孩子一起坐下或躺下來，閉上眼，靜靜的嗅聞，休息一會兒，就讓這個味道關愛自己一下。

品嘗

味覺和嗅覺是緊密連結的，它們最能挑起記憶。而進食是生物最基本的功能，僅次於呼吸，如果不進食，無法滿足飢餓和口渴的生理需求。味覺的分辨也是重要的，它保護生物免於中毒的危險。

帶著注意和覺察來品嘗，即使是最簡單的食物都能打開味覺的豐富宇宙。但如果對吃的內容、方式、速度、味道、質地、質感……不知不覺，常常心不在焉的進食，對身體發出可能需要停下來的訊息（飽、漲、悶等等）全然不察，就只是一直塞入食物，慢慢會喪失身體和食物之間關係的判斷，容易落入習慣性的快速進食、過度飲食，造成消化系統失調或肥胖的情況。

細嚼慢嚥，讓口水酵素充分混合食物能幫助消化，另外，大腦需要花十分鐘時間來產生飽足感，因此細細品嘗每一口食物，會讓身體有足夠的時間傳達各種生化訊息到大腦，大腦就會傳遞合適的判斷和指令，食量自然也會適中。

遊戲 40

它是什麼味道？（適合年齡：所有年齡皆適宜）

請孩子探索並認識各式各樣的食物味道，以及食物入口的感覺。用哪些牙齒咀嚼，咀嚼的力道如何，口水量的變化，舌頭哪個部位最明顯感覺到味道，舌頭還有在做什麼，食物大小的變化，最後怎麼進到身體裡，吞嚥後身體的感覺……等等。

也可請孩子研究吃下食物對自己各方面的影響（如：上廁所、口乾舌燥、精神好壞等情況）。

遊戲
41

用五感品嘗零食

（可同時參考《心念教養》練習2：正念品嘗果乾）（適合年齡：所有年齡皆適宜）

帶著孩子先看一看、摸一摸、聞一聞、聽一聽食材，最後再嘗嘗它。

孩子是天生的科學家，他們會自發性的透過感官實驗（體驗再體驗），我們唯一不要做的是「消去」、「壓制」孩子的體驗機會，使得孩子慢慢忽略、習慣性鈍化五感。

我們是透過感官才能經驗生命和體現生命，也是透過其他人（生命體）的感官，我們才真正存在。當感官很少使用而萎縮，將失去很多連結世界的機會，以及感受幸福的連結。

相信身體的智慧

有個就讀大二的女孩，在正念減壓課的靜觀身體練習時，覺察到自己的心跳似乎有些快和亂。她正視這個訊息，回家後和媽媽說，也安排看醫生，檢查後發現心臟確實有問題，因而開始治療並有意識的照顧自己，不讓自己做出危害身體的活動。她非常感謝由於正念練習而發現身體的痼疾。

我們所有人都活在肉身裡，我們的身體有自動化的特性，如：心跳、肝臟、腎臟的自主運作，身體還有一個特殊能力——保持平衡的能力（自動代償，冷就可能發抖產生熱能，需要能量或缺水就饑餓或口渴、累了就需要睡眠），但使用身體越久，我們越常認為身體理所當然就該為自己服務。甚至不太理會它，只在乎頭腦想要做的事，對身體傳遞出的訊號失去覺察能力。

我們希望孩子能照顧自己的身體，但是有許多孩子（包括我們）對自己身體感到陌生，不在乎甚至常忽視身體發出的警告訊號。例如：打電腦時肩頸僵硬；

為了繼續手上的工作，忍住不去洗手間。

許多疾病的發生，都是從主人不在意、不注意開始，最後導致功能失常。可是我們往往沒辦法和身體保持連結，只一味地跟著頭腦的想望，壓制著老實又聰明的身體。身體就如同數字1，頭腦的想望是數字0，如果沒有了這個1在前面，後面加多少0，真的都無用（引自《心念教養》P.66）。

我們靠身體去做所有事：走路、跑步、坐下、穿衣、進食等等。注意到身體的變化，才能幫助你照顧自己的身體。孩子也是如此。

關注身體的訊息，與身體想表達的訊息連結起來，這分覺察能幫助我們學會與自己的身體和諧相處，比方說注意到肩膀的緊張感，或許是提醒我們放鬆和休息的訊號。透過這樣的留意，身體與壓力、焦慮相關的緊張感會逐漸減少。

因此，培養孩子關注自己的身體，感謝身體保護我們的健康和安全，並透過聆聽身體的智慧，學習用適當的方式關愛它。也就是對自己的身體打開覺察，和身體想表達的訊息連結起來，並且好好回應它，才能真正幫助孩子走向健康人生。

遊戲 42

我的身體感覺到什麼？（適合年齡：幼兒童）

當孩子在玩紅綠燈等等跑跳動態遊戲時，在過程中加入停下來的環節，請孩子體會一下現在的心跳、體溫、腳底板、小腿……感覺到什麼？（可從頭到腳，依身體各部位一個一個在遊戲中穿插著探索）稍微描述之後，再開始下一個遊戲動作。

如果有時間，可以事先準備一張身體輪廓圖像（或者帶著孩子畫出來），讓孩子在留意到有感覺的身體部位，塗上代表感覺的圖樣和顏色。

遊戲
43

和身體LINE一下（適合年齡：所有年齡皆適宜）

邀請孩子就像查看手機訊息一樣，每天花一點時間，透過和身體Line一下，與身體連線。

遊戲方法：

和孩子一起找一個不被打擾的空間，坐著、躺著或站著都行，做做「有力量的安靜」，讓身體保持靜止。若環境適合，請孩子閉上眼，讓注意力像探照燈一樣先照頭部的前面、後面、裡面，分別感受有什麼感覺出現？例如：重重的、脹脹的、刺刺的、麻麻的、痛痛的……還是沒有特別感覺，請孩子試著覺察和辨認。

然後，再到肩頸區、雙手、胸口、後背、肚子、腰部、大腿、小腿、腳等等

（可依孩子的狀態提及身體的部位），一個個感受並注意有什麼變化。提醒孩子整個過程有可能會發現溫度（溫暖、涼或熱）、重或輕、軟或硬、鬆或緊、或其他變化。有時候孩子可能無法特別去注意到有什麼不同。

做完遊戲請孩子分享今天對身體哪個部分的感受最強烈呢？有注意到哪些身體上的感覺嗎？有什麼樣的事讓自己感到驚訝？覺得今天的身體在提醒自己什麼呢？

練習幾次之後，請孩子可以在起床時、運動前或任何需要的時候，都可以和自己的身體連線一下，這樣會幫助孩子了解如何和身體合作與一起生活！

遊戲 44

像樹懶一樣動作並標記它（適合年齡：所有年齡皆適宜）

首先和孩子分享為什麼要玩放慢速度的遊戲，例如說明：人是怎麼學會跑步？一開始需要學什麼呢？需要先從爬行學習，才到走路，才能跑步，對吧？像樹懶一樣行動的練習也是如此。當我們移動得很慢時，同時也在學習如何覺察身體。當我們把慢動作練習好之後，在快動作時也能善用覺察身體的技巧。

坐姿覺察：

一開始請讓孩子像往常一樣坐在椅子上，要求他們將覺察帶到這樣感覺如何。留意身體中哪裡感到緊張或鬆弛、擠壓或伸展。然後要求他們直挺挺地坐著，留意這樣的感覺如何？

下一步，要求孩子軟綿綿地坐下來，並留心這樣有感覺不同嗎？最後，要求孩子找到一個既不直挺挺也不軟綿綿的中庸姿勢，坐著體會這個姿勢一會兒，並且感受呼吸的頻率。

舉手：

你一天會做幾次舉手動作呢？通常我們做這個動作時都很快速。來看看如果放慢舉手動作會有什麼不同。

親子一同保持安靜，坐直，在做動作的時候也要保持安靜。將雙手放在大腿上，慢慢移動其中一隻手臂，注意你的手臂是覺得很沉重還是很輕盈。在你移動手臂時，身體的知覺是否有改變呢？現在讓我們慢慢地放下手臂，注意你的手臂是很沉重還是很輕盈。

可以讓孩子分享之後，邀請他再重複一次動作，這一次請孩子注意手臂的溫度有什麼改變：溫暖、冷或者是在變化中。也問問還有注意到其他的事嗎？。

現在你的手臂就是你的注意焦點，自然地舉手，並試著用關鍵字標記一下你正在做的動作，例如「舉起、舉起」與「放下、放下」。

站立：

問問孩子一天會站起和坐下幾次呢？接著要進行站立的身體覺察練習。親子要非常慢的從坐著到站起來，將注意力放在身體上，就像舉起手臂的遊戲。

父母先示範慢慢站起來的動作，也在一邊做動作的時候，一邊說有什麼感覺。然後閉上眼睛示範一兩個正念呼吸，再慢慢地坐下。

接著請孩子一起。動作要慢慢的。當孩子站起來時，心裡要說「起立、起立」，當你坐下的時候，在心裡說「坐下、坐下」。

遊戲之後問問孩子注意到什麼？有什麼感覺？

當然也可加入走路的練習，邀請孩子可以在任何身體移動時，練習覺察自己的動作，並試著在心中標記它。例如：寫作業時注意手臂、移動椅子、找作業本、摸到作業本，將作業本放到桌子上，打開它等等。

遊戲 45

親子一起散步（適合年齡：所有年齡皆適宜）

和孩子一起體驗散步時，將注意力放到雙腳上，感覺到自己的左右腳是如何邁出一步又接著一步？問孩子能感受到腳底踩到地上或是抬在空中嗎？手臂或雙腳（所有身體部位）是如何合作和移動的？目前身體是很沉重，還是很輕盈，是很快還是很慢呢？有沒有注意到身體的溫度？在移動時，衣著碰觸身體時有什麼感覺？接觸到空氣的皮膚有什麼感覺？當自己注意到身體各部位能共同合作且自在移動時，心裡有什麼感覺？

這便是在輕鬆散步中，打開對身體動態時的覺察。

遊戲 46

研究身體的舒適、挑戰和威脅區

（適合年齡：所有年齡皆適宜）

邀請孩子一起做轉動肩膀、聳肩、側彎、單腳平衡、手緩慢地向下朝地面方向觸碰腿，最後再抬起頭等的伸展運動。

過程中引領孩子們留意在身體做各種活動或運動時，身體的感受如何。這是進階版的「和自己動態中的身體，隨時Line一下」，留意身體有那些訊息是告訴自己已經到達極限（通常是刺痛感），再多些幅度、力度或時間可能會受傷，哪些是當下身體可以再挑戰一下的範圍（通常是緊繃感），哪些又是身體容易操作的動作。盡可能提醒孩子在做下一個動作之間，停頓片刻覺察一下，再開始下一個動作。

提醒孩子身體是一直在變化的，身體的舒適、挑戰和威脅區是會變動的，打開覺察才能當自己身體的好主人，才能好好照顧它。

遊戲47

覺察每天的身體

（耳朵、眼睛、鼻子、嘴、皮膚、心腦、軀幹）（適合年齡：所有年齡皆適宜）

培養孩子能感受到自己身體細微的變化，是打開孩子身體的智慧：清楚知道身體在這個時間、空間正在發生什麼；覺知靜中之動與動中之靜的變化性，不執著在某個身體現象；在不傷害的意圖和態度下，可以有調整的彈性。

當能夠對身體保持覺知，孩子會配備很棒的能力！能夠有選擇的走向保護自己與健康的行為。

當生氣的感覺來時，知道身體那個部位會特別不舒服；當別人太靠近自己時，能收到身體通知的緊張或不舒服感，怎樣的身體距離才是剛剛好……這些都是從小慢慢「靜觀動覺」練習而來的，很多是大人無法解答的。

父母保持好奇探詢的態度，帶著孩子對形狀、軟硬、重量（重／輕）、緊鬆、溫度（熱／冷）、粗細、脹縮、刺痛、振動、流動、移動、停止等等感受產生好奇心。

懂得辨識身體的性質、習慣和變化，就是與身體同在。告訴孩子：「你不會弄錯的！每個人體驗到的都是真的。你的每一個感受都值得被看見。」父母可以邀請孩子在生活中嘗試適合自己的「靜觀動覺」小遊戲。問問孩子：在哪裡練習關心一下身體比較好呢？在操場？準備要運動前？書桌前？遊戲時？滑手機時？打電腦時？睡前？

總之，當孩子能夠運用「靜觀動覺」的方法來活動時，就不會讓自己的身體傷害到別人，也比較不會讓自己受傷（沒踩好階梯而跌倒）。

當我們心裡保持覺察，保持平穩且平靜，不管是需要緩慢或需要快速移動時，對我們來說會更容易留意到異樣的事物。

幫助孩子好好開發身體的智慧，才能培育孩子自律與調節生活的能力，懂得照顧自己，一生平安健康。

CHAPTER 3

讓孩子與感受做朋友

本章所介紹的親子遊戲，鼓勵孩子能夠體驗當下感受（包括身體感受和心理感受），不掩蓋、不否定也不責罵自己的感受。就只是清楚明白辨識當下的經驗是愉悅、不愉悅或是沒有特別感受。

孩子能看見身與心的感受會相互影響，也了解感受的變化性，並且學會照顧自己的感受。

你對這些話語熟悉嗎？

- 這樣一點點痛就哭哭，羞羞臉。
- 再生氣就不理你了。
- 這麼大了還不敢一個人睡？好遜。
- 不要跑來跑去，警察會來抓你喔。

……

身為父母的你，發現到這些語言傳達出何種訊息了嗎？

- 表達痛和難過是不對的。

- 生氣是讓人不喜歡的情緒。
- 害怕是差勁的。
- 好奇心是危險的。

……

在我們成長的過程中，或許原生家庭裡充斥著這些話語或者肢體語言，因此對於感受情緒（心情）有了誤解，覺得情緒是要掩蓋隱藏的、是不可表達出來的。由於常壓抑感受，情緒因而爆炸、沮喪或失去活力。有些人則在自己當了父母之後，不懂得教孩子「感受、情緒」，就算有心想教，也不曉得要從何教起。

當孩子由於肚子餓、想睡覺、等不及、生氣、快樂、難過等感受，情緒上歇斯底里無法克制時，要如何幫助孩子面對和處理呢？

首先，身為父母的你得先從照顧自己的情緒開始（參閱《心念教養》），然後從生活和遊戲中讓孩子學習與感受做朋友吧！

明白辨識感受

遊戲 48

猜猜看（適合年齡：幼兒童）

可準備體驗感受臉譜卡（或寫在小紙張上），包括快樂、害怕、生氣、興奮、覺得愚蠢、感到無聊、失望、困惑、痛苦、傷心、驚訝、厭惡、羞恥、喜悅……等等，親子輪流抽一張後，不用說的，而是用各式表情、肢體、聲音表演情緒，讓其他家人猜測這是什麼感受（情緒）。

若說出正確的答案時，接著問：他（她）呈現什麼表情、動作、音調，讓你知道他（她）是喜悅／生氣／害怕……呢？若情況允許，接下來家人們可以一起腦力激盪，想想這個感受和心情出現時，它想要表達什麼呢？它想幫情緒的主人什麼忙呢？

遊戲 49

今天心情顏色是？（適合年齡：所有年齡皆適宜）

家人聚會一起用餐前、寫作業前……任何活動開始之前，可用顏色（可準備色卡）來標記現在的情緒和描述自己的心情，並解釋為什麼。例如：我今天的顏色是粉紅色，因為睡了一個好覺，身體好舒服，心情愉快。

色彩和情緒、意象常相連一起，例如紅色常給人帶來熱情、轟轟烈烈、奔放、喜氣……等感受；綠色是自然界中草原和森林的顏色，帶來活力、新鮮、和平、清涼……等感受；藍色則讓人感到悠遠、寧靜、星空、寒冷、開闊、透明等。

透過具像的顏色，孩子較容易標記當下的心情，並從對顏色直觀的引領，進而整理自己對心情、感受的覺察，學習描述自己的感受與想法。

遊戲 50

感受溫度計（適合年齡：所有年齡皆適宜）

當孩子跟你說自己「好開心」、「很煩」、「快氣死了」、「心累」、「好無聊」……等等感受時，請孩子分辨這是愉悅感受（偏向舒服或快樂）、或者是不愉悅感受（偏向不舒服或不快樂），並請孩子估評自己的感受的高低程度，度數大約幾度呢（最低1度，最高10度，可畫出溫度計）？

接著，請孩子說一說感受的內容，「開心」是什麼感覺？「很煩」是什麼感覺？……等等。

再問問孩子：說出來了之後，現在感受的度數有任何變化嗎？（通常讓孩子表達之後，大腦會鎮靜下來，較容易看見感受的變化。）

最後可幫助孩子標記自己的感受，不抗拒也不隱藏。坦蕩承認感受，是面對與處理情緒的第一步。

遊戲51

感受的身體地圖（適合年齡：所有年齡皆適宜）

邀請孩子一起感受今天的身體。無論坐著或躺著皆可，先和孩子一起「有力量安靜」一會兒，接下來從頭部、頸、肩、上肢、胸、腹、背、腰、下肢等依序試著感受。

你可以這樣引導：

1．用自己的速度感覺一下頭部（以此類推，依序一個一個引導），在這個部位，出現什麼感覺（冷熱、硬軟、鬆緊等等）、或現象（說不出感受的情況）、或心裡感受（煩悶、躁亂、平靜……等等）。伴隨著這些感覺、現象或心理，請孩子感受一下帶來的是愉悅（偏向舒服或快樂）、或者是不愉悅（偏向不舒服或不快樂）？一個個部位依序感受之後，請孩子深深吸口氣，再緩緩吐氣。

2．若時間允許，從頭到腳再覺察一次，並在每個身體部位感受後增加引導語：如果覺得愉悅（偏向舒服或快樂），就在現在（當下）感受，往下一個身體部位覺察時，不需要一直抓著這個感覺喔，試著輕輕放掉它。如果感受到的是不愉悅（偏向不舒服或不快樂），就只是不愉悅，沒有對錯好壞，學習不抵抗它，就是感覺到就好。

3．最後可以親子一起躺下，先感覺一下自己躺下來之後身體的呼吸，感覺一下全身目前的感受是愉悅（偏向舒服或快樂）、或者是不愉悅（偏向不舒服或不快樂）？無論是什麼，現在請用深深的吸氣、緩緩的吐氣，調節一下，給自己一個大休息。

一個人不論是疲累、擔心、放鬆、興奮或無聊……我們聰明又敏感的身體，會有一些感受出現。當孩子打開身體的感知與覺察，並且和感受同在，能夠打開從身體照顧感受的智慧。

學習接納自己的感受（不掩蓋、否定和批評感受）

遊戲 52

請孩子喝杯果汁感受一下

（也可以是牛奶、巧克力、茶等等）（適合年齡：幼兒童）

當孩子感受強烈時，邀請他坐下來，喘口氣，倒杯果汁、牛奶或熱巧克力，讓孩子喝個幾口。待孩子情緒緩和後，可以用前面介紹的遊戲來找出感受並標記心情溫度計，並和孩子分享：

每個感受（情緒、心情）都沒有對錯，都是你的好朋友，是來傳達你的需要。請你當自己的主人，招待一下拜訪你的感受（情緒、心情）客人，請客人喝點果汁、牛奶、或熱巧克力，陪客人聊一聊，問問他想要傳達什麼給你呢？

如果情況合適，也可以請孩子扮演這個感受（如果孩子沒辦法做到，父母也可以協助扮演），用「我」來代表這個感受說話，「我是〇〇，我覺得〇〇〇〇，我想要〇〇〇〇〇……」等。例如：「我是難過，我覺得沒有被了解，我想要主人抱抱我」；「我是生氣，我覺得不被尊重，我想要主人大聲地告訴弟弟：要玩我的玩具要向我借，不是直接拿去玩」。

除了接納，也體會心情是會變化的。

遊戲 53

播報自己的心情天氣（適合年齡：所有年齡皆適宜）

協助孩子聽到並了解自己的內在世界，透過播報也通知大家（包括自己）知道如何因應和照顧感受，就像參考每日的氣象報告，我們就知道如何準備外出服裝、需不需帶雨具、空氣品質如何，是否需要採防曬或戴帽子等等。天氣沒有對錯，感受（情緒、心情）也是如此，不必避開，只需要看如何因應。比方說：休息一下，找人聊聊，一個擁抱，找解決辦法，或是先喝口水、去運動一下等，先做其他事稍微暫停。

播報方式建議（可依孩子狀態調整）：

在合適的地方與孩子一起做「有力量的安靜」，接著閉上眼，感覺一下內心有什麼心情與感受，像是哪種天氣呢？是熱熱的太陽、晴空萬里、陰天、雨天、多雲，或者是狂風暴雨、颱風……發現到什麼？（提醒孩子心情天氣沒有對錯，就像氣象主播客觀的如實描述現況即可，也不需要特別深入感受或多做什麼，因為天氣是說來就來，沒辦法阻止它。）

覺得合適時，就請孩子張開雙眼，再播報一下目前天氣，而你也播報自己的天氣。如果是年紀大一些的孩子，也可以邀請他加上天氣主播會給觀眾的小提醒，如：請好好休息，可以喝口水，申請一個擁抱……等等，親子可以相互陪伴。

接下來，再閉上眼感覺一下現在的心情天氣是否有變化？然後再次播報，就像氣象台每小時的更新一樣，讓孩子看見心情氣象也是會變化的。

當孩子了解到無論何種心情都不是問題，它也不會一直不動，過一會可能會有變化；或許不用採取任何行動，就只是觀看和了解，就會讓人鬆口氣呢！

遊戲
54

播報全家的心情天氣（適合年齡：所有年齡皆適宜）

親子輪流試著播報家人的心情天氣（沒有對與錯，如實播報即可），並和對方確認：你的心情是這樣對嗎？這遊戲能增加孩子的視野，除了把焦點放在自己身體，也學會關心家人。

任誰都有生氣、挫折、失望、無聊或快樂的情緒，這些情緒的產生都是自然而然。運用正念不是要把負面情緒趕走，而是幫助我們能夠好好面對情緒，我們可以決定讓這些情緒幫助我們、而非傷害我們。

當感受出現時，最重要是父母以非評價、接納和好奇的態度來面對，這會讓孩子感受到存在感，而不是被消失感。這是孩子自尊和自信的基石，也會長出有智慧的勇氣。

帶著孩子透過體驗感受（情緒、心情）在身體流動的感覺，能幫助孩子提升對情緒的覺知能力，當孩子能和自己的感受交朋友，人際智能也會一同成長——同理朋友的心情。

學習照顧有挑戰的感受

毛毛大部分時候在學校或家裡，情緒都算穩定。可是有時候，當事情和自己想得不同時，心情就會變糟。比方說：原本想去公園玩，但突然下雨；天氣好冷，不想起床去上學；才正玩得起勁，媽媽一直催促去洗澡；和同學意見不同；少寫了一項作業被老師點名；想要玩球，同學卻沒興趣；想做事一直做不好……

在這些時候，毛毛會感到不平靜，心裡很不舒服，氣嘟嘟得罵人、甚至拳打腳踢，或是躲起來不說話、掉眼淚……你的孩子有時也會如此嗎？你會如何幫孩子與這些不平靜或具有挑戰的感受相處呢？

生活中總有些事不盡如人意，有時候會因為很小的事，心情突然轉向，甚至被心情（情緒）緊緊抓住。尤其是那些困難或不快樂的情緒，如：不安恐懼、孤單、難過、憤怒、欲（渴）望等等。

而當感受和情緒出現時，常常「被頭腦的評斷打搶」，感受加深了與「隱藏」、「否定」、「批評」的連結。例如：我如果表現出害怕會很丟臉／生氣很差勁我會被丟下……等等。

孩子難以明白負面或不平靜的感受並非是「壞事」，並不需要去推開或避開它們。在特定的時間地點，負面感受反而能扮演重要角色。

比方說，生氣或疲累也有好處。例如在運動比賽時生氣或大聲叫喊，可以刺激腎上腺素，讓你在比賽中專注或釋放壓力。當自己感到不勝負荷時，打一個盹或休息一下，這正是此刻身心最需要的，這會讓你之後的上課或工作更有效率。

讓孩子知道感受就是感受，「你並不是你的感受」，你只有感受出現了，而感受通常並不會一直停留不動。當內心處於「激動」時，會感受到強烈的憤怒或悲傷很正常。如果此時和自己的心對抗，告訴自己不能有這些感覺，或對自己生氣，或是拒絕感受，因此感受到沮喪，就會令自己更焦慮，情緒會黏住自己不放。

能夠用關懷的意圖去注意內心的風暴，允許風暴通過而非對抗它，孩子能體會到它就像每一個風暴一樣，自己終將脫離暴風圈。

透過下列遊戲來練習，能幫助孩子（包括自己），承認、感受並辨識感受。會發現身心慢慢會鬆下緊繃，開始平靜，幫助孩子面對具有挑戰性的狀況。

遊戲 55

學習自我關懷（適合年齡：所有年齡皆適宜）

帶著孩子用自己的雙手，輕輕的撫觸、拍拍自己的心窩、肚子、頭、肩膀等身體部位，會讓自己感覺到溫暖的、舒服的與得到支持感。

可以在各個部位拍拍後多停留一會兒感受一下，能帶給自己關懷。待心情較平和時，再回到先前在做的事。當然關懷的撫觸也可以由父母給予，主動拍拍孩子的背以及給孩子愛的抱抱。

遊戲 56

為情緒取名字（適合年齡：所有年齡皆適宜）

問問孩子：心情低落的時候，或是興奮、無聊、感到愚蠢、快樂的時候，有什麼關鍵字可以說呢？例如難過、傷心、不耐煩……。

請和孩子分享說出感受情緒的關鍵字。當情緒出現時，我們只需要慢慢的重複說幾個字。例如：當自己感到一股怒氣時，可以在心底說出關鍵字「生氣、生氣、生氣」。這會創造出讓情緒休息一下的空間喔！

和孩子共約一起實驗，接下來幾天若有情緒出現，先不處理，只用關鍵字來回應出現的情緒，看看會發生什麼事？然後一起分享彼此的實驗結果。

只是客觀、簡單的播報，就會幫助自己不掉入情緒漩渦。

遊戲 57

腳腳定錨（適合年齡：所有年齡皆適宜）

帶著孩子感覺腳底的踏實感，感覺自己穩如泰山。

無論站著或坐著，可以請孩子用力的踏一踏雙腳，踏完之後將注意力放到腳底板，感覺一下腳底此時哪裡熱熱的、刺刺的或有其他任何感覺？過一會兒，試著請孩子從小趾到大腳趾、十根腳趾頭輪流感受，接著到腳掌、腳跟，然後再踏一踏雙腳，感覺自己正腳踏實地呼吸著。也可以試著把注意力帶到腹部，感覺一下呼吸帶動腹部的起伏感，直到平和下來。

這樣的練習可以幫助孩子把注意力帶離頭腦的風暴（海平面），而專注在身體下方的腳及呼吸感覺（如：腹部就像在海平面以下，深海內是平靜無波），這會為自己漸漸帶來平靜：它可以緩和心跳的速度、讓呼吸變深長，沉澱一下思緒。

當孩子感到壓力緩和下來或減泜時，就會產生更大的信心和能力去處理眼前的狀況。

透過遊戲來練習，能幫助孩子學習即使是艱難的情況下，也能透過踏踏腳「放下錨」來穩定自己。

親子在任何時候都可以做這個遊戲，睜眼或閉眼做都行。即使是在走路，也可以把注意力放到腳和下半身。這是一個實用且真正有幫助的練習！

當然在害怕、緊張、生氣、悲傷難過時，也可帶著孩子一起練習「**情緒軟著陸**」（參考《心念教養》P.115），當我們放鬆並與任何經歷一同呼吸，會發現身心開始平靜下來，更有能力應付麻煩的事。

現在請身為父母的你，依序一個個看看以下字詞，試問自己是否曾經歷過這些感覺：

快樂，難過，喜悅，害怕，興奮，焦慮，平靜，無聊，不安，渴望，強烈懷疑，虛弱，沮喪，好奇，嚴肅，擔心，孤單，孤獨，羨慕，嫉妒，惡作劇，失望，生氣，憎恨，感謝，愛……。

讓孩子與感受做朋友，教我們和孩子去注意到自己經歷了哪些感受、情緒和感覺，讓親子一起停下來覺察辨識身與心。

無論是愉快的、不愉快的或者說不上來的感受，都能學習接納它們，與其成為朋友，並且從中慢慢長出面對的智慧。若你能自己先練習，能幫孩子更多。

CHAPTER 4

不馬上衝動反應的安穩力

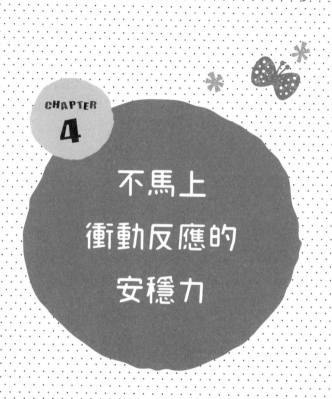

兒少營隊活動，大夥兒一起用餐時，當一盤雞腿上桌，小學二年級的其方瞬間搶了好幾隻雞腿堆滿自己的碗，其他同桌的孩子反彈：

「你拿那麼多幹嘛，有些人會沒得吃！一人先拿一個，有多的你再拿啦！」

其方：「我就等不及嘛！先搶先贏！」

下課時同學一起玩，其中有人不守規則，小學四年級的小宏很生氣，在激動之下打傷了幾位同學，包括來勸架關心的女同學也被打了。

小宏：「我氣死了，我控制不住我的手！」

幼兒園大班的暢暢，當她書包裡心愛的布娃娃被同學隨意拿去玩，她不知道如何反應，只是僵在原地大哭。

這些「等不及就先搶」、「氣不過而打人」、「什麼也做不了只能大哭」的行為，相信各位並不陌生。孩子這所以有這些行為，來自大腦的警報系統。

大腦裡有一個從遠古時代流傳下來的警報系統

幾千年前，仍在洞穴內居住的人類祖先，夜以繼日面對被猛獸追趕的危險，為了求生存，而出現戰鬥和逃跑反應。有時候，當被野獸追到跑不動了，就凍結起來裝死（算了吧／放棄），直到攻擊結束。這樣的能力已經內建在演化得勝的人類身上——包括孩子和你。

碰到危險

↓

本能反應

↓

戰鬥／逃跑／僵住

生命在受到威脅時的緊急狀況，強烈的反擊（戰鬥），更快速的逃跑（逃避），或是躲起來與裝死（僵住），這三種身心機制會快速出現的人類本能反應，能幫助你在面臨威脅時活下來。孩子在面對危險和威脅時，也會出現這種本能的正常反應。只不過在群體社會中，有時候並不太適用，例如：要和同伴共食一盤好吃的雞腿、遊戲、比賽、考試、人際關係產生困擾時……等等。

健康快樂的殺手——衝動反應慣性化

孩子成長的過程中，面臨的壓力真的很多，擔心運動比賽、考試、歸屬感、安全感、人際關係、暴力、生涯規劃、氣候變遷、經濟、科技戰爭……等等。

大腦的警報系統從出生開始就很活躍。它位在下層腦（美國精神醫學臨床教授丹尼爾・席格〔Daniel J. Siegel〕用上下層房子來比喻大腦結構）。

下層腦一出生就發展完全，由腦幹和腦邊緣區（包括杏仁核等）構成，通常稱爬蟲類腦，很原始，一出生就發揮功用（很活躍）。比方說當嬰兒肚子餓、或是幼兒無法稱心如意時，便快速反應開火！這裡負責最基本的心智運作，強烈的、直覺的情感。它是警告系統，主要是發出危險的信號。此外，還有基本生存功能，像是呼吸、調節睡眠和甦醒的循環、以及消化等等。

至於上層腦，則是在人類出生後才開始發展。它負責：選擇性專注在一件事上，把注意力帶回來，更精密複雜思考，判斷與安排先後次序，周全決策和計畫；能等待一下的衝動控制；情緒與身體調節；同理心、洞察力、社會智商等等。上層腦是由大腦皮質所構成，位於額頭正後方的前額葉皮質。

當孩子有一個壓力事件，很快地啟動戰逃或僵住不動、放棄的反應時，大腦也會開始發生變化，下層腦的邊緣系統被活化，杏仁核這個大腦中很原始的部分開始運轉，血液大量流到下層腦的警報系統部分。

這也就表示，血液需要從上層腦流出，但是上層腦卻是我們思考問題和執行功能的地方，包括專注力、調節注意力等等。當上層腦的這個部分關閉，就是把負責注意力集中、控制衝動的地方關閉了，同時也關閉了為未來做計畫、預見決策的長遠後果、幫我們做出適切決定、以及調節管理情緒的地方。

因此，孩子若常常處於戰逃和僵住的模式，會關閉許多大腦重要的能力與發展。也就是，在沒有生命危險時一直感知危險，把所有人與事都感知為威脅，（例如：當你關心孩子功課，問他：「作業寫好了沒？」孩子會認為：你看！又不相信我，又要檢查，又要罵人了！）

由於缺乏安全感，一旦感受威脅，解決方式就只是戰逃或者僵住的反應，大腦一次又一次被訓練更習慣這樣迴圈，意味著孩子越來越具有攻擊性或是逃避。比方說：碰到考試會有窒息感；孩子身心不斷重回到創傷後遺症狀態（如：解離）。

久而久之會造成憂鬱，失去學習動力與興趣，導致孩子在校學業不佳、人際關係受挫、無法理解他人、無法解讀社交訊息、無法做出適當的決定、延宕滿足的能力低落等等。當孩子身心耗竭，無法思考，又怎麼談得上健康快樂？

不馬上衝動反應，需要自我關懷的安穩力

在和孩子開始做培養安穩力的互動遊戲時，我們先來玩個體驗活動。

請你做個動作：

把雙手伸出來，然後非常非常用力的握拳，感覺一下此刻的呼吸如何？（通

常自然會是緊繃的、淺短的），請繼續緊握三分鐘以上。

注意，隨著這個持續緊握拳的動作，又帶給你何種身體和心理的感受？手指是否會因用力而指節開始緊、熱，指甲掐入手掌肉而刺痛？也許你也會感受到持續緊握拳頭，也牽動手腕、手肘和肩頸更僵硬，接著頭部或許也感到脹脹熱熱的。身心感到緊縮、封閉和煩悶。

接下來，請你放掉緊握的雙手，找個安全的座位，讓你的上身和雙手都攤下來幾分鐘，並帶著覺察感覺一下脊椎鬆下來時，身體的感覺是什麼？呼吸的狀態如何？心裡的想法是鬆弛、昏沉或其他？是清醒或是想睡？

一開始的姿勢，基本上是模擬我們在受到壓力和威脅時，戰逃和僵住的反應，會帶給身心的感受。

除了以上感受，身心還會有其他影響嗎？

為了全力支援戰、逃、僵，消化系統會發生改變，頻繁的開開關關消化系統，就像開開關關電燈開關，它會產生磨損，並浪費能量，進而停止工作。接下來，造成胃痛、胃痙攣等消化道的問題出現，免疫系統也被影響。這就是為什麼當我們或孩子一直處於壓力下時，會有各式慢性消化和健康問題，很容易生病。

除此之外，大腦還會釋放大量的壓力賀爾蒙，它會抑制學習、抑制記憶，甚至叫孩子的大腦（上層腦）和身體停止生長。

大量的壓力賀爾蒙還會阻止催產素的釋放，它是愛的賀爾蒙，會在我們感到安全舒適時釋放出來。催產素對於建立關係，擁有同情心和同理心都很重要，它會在我們關愛孩子、談戀愛、建立新關係的時候釋放。

這便是為何在高壓家庭和學校的環境下，會產生更多欺凌、暴力與關係霸凌問題。人無法在高壓狀況下同時感受愛，起因是大腦的化學反應相互排斥。

接下來，再請你調整一下姿勢，只是輕鬆的坐著，讓脊椎輕輕挺起，不鬆軟也不僵硬，雙肩和手自然垂放在大腿上，感覺一下此時的呼吸是否會比較長、深與平緩呢？

隨著呼吸漸漸平緩，輕輕地將雙手向兩旁延伸張開、手掌也向上張開，感覺一下此時的身心變化？是否感覺身心空間打開了些，變得更寬廣！

最後請你將雙手交疊，一手疊上另一手，一起放在心窩之處，閉上眼感受，當雙手輕撫心窩，這時候呼吸、身體、心理和想法又是如何？

感受一段時間後，如果你願意，可以將雙手移動到身體任何一處需要你拍拍或輕撫的地方，如：肩、腹、後頸、頭、眼窩等等，感覺一下自己的雙手帶給身體的關懷。當然，你也可以將手放下來，放在你覺得舒適的地方。

當你的身體轉換成上述輕鬆專注、開放友善的姿勢和動作時，你可能會感覺到身心趨向平穩、清醒、寬闊、溫暖，以及較沒有敵意的狀態。

生活上也是如此，當我們碰到艱辛的事時，警報系統一直響，感到威脅無處不在，是很難處理事情的。除非我們能開發和活化與專注相關的部分——控制衝動，調節注意力，計畫未來，解決複雜問題，從別人角度看事情，有同理心……所有這些基本的執行與認知功能，以及掌管社交和情商的大腦區域（上層腦），才能好好處理事情。

然而要讓上層腦接管隊長職務，並與下層腦合作，需要先培養**「自我關懷的**

安穩力——暫停片刻，透過專注呼吸或身體回到當下，打開身心覺察，友善的關懷自己」的能力。它會幫助大腦血液不會大量流入下層腦，更加刺激警報系統（杏仁核和邊緣系統）。

透過我的臨床經驗，即使只有短暫時間的自我關懷，都能幫助孩子不立刻做出衝動反應，有能力在環境中看到安全的跡象，打開一個心靈空間，有機會覺察到更多訊息，並客觀辨別訊息中不是只有「危險」，其中也許有著安全、有益、愛與連繫的善意。

例如：

一盤雞腿上桌，其方能看見：喔！雞腿有很多隻，不用著急！

有人不守規則，小宏能看見：對方只是很怕輸，並不是不尊重我！

心愛的布娃娃被同學隨意拿去玩，暢暢能看見：我有保護自己的權利！

父母問：「作業寫好了沒？」孩子不會只產生「又不相信我」的敵意，而能看見父母也許只是關心問候。

不可否認，當進行運動比賽時，「握拳」（警報啟動）對於提高能量會有幫助，但是過度反而會讓身體卡住，因此在孩子執行認知任務和表現任務時，記得透過接下來的活動來練習（先前曾介紹的「遊戲47：覺察每天的身體」也有幫助）。

讓我們帶領孩子體驗自我關懷的安穩力，讓原本壓力100的量表，能調節並保持在60至80的程度。

遊戲58

創造空間（適合年齡：所有年齡皆適宜）

找個適當的機會，問問孩子是否曾說過某些話，那時立刻想把這些話收回來；或者是否曾因為生氣而打人、推人、破壞東西，接著有點後悔，真希望自己沒做過這些事。當然，你也可分享自己有過的經驗。

然後，和孩子分享練習「覺察」，例如先前介紹的「**遊戲43：和身體LINE一下**」，覺察生氣時身體哪兒有明顯變化；覺察自己呼吸的「**遊戲13：蝴蝶呼吸法**」、「**遊戲12：7—11呼吸法**」、「**遊戲66：動物保護員**」等等，你可以從書中挑一個適合孩子的練習，都能幫助我們在強烈的情緒波動、與衝動行為反應之間創造出空間喔。

親子一起練習覺察活動之後，可以問孩子：當你生氣時，可能會做出什麼事？打人、尖叫、推人、還是丟東西……所有反應都是在事件發生當下快速的發生，就好像膠水粘在一起。

此時，你可以伸出一隻手指頭，用它代表生氣。然後伸出另一隻手指，用它代表打人等等反應，把這根手指放在生氣的手指旁邊。當我們沒有給自己暫停、覺察一下的機會，這兩隻手指（憤怒和反應）兩兩相鄰就像連體嬰，無法阻止衝動行為發生。

可是當你有「覺察」能力時，即便只是注意（覺察）到自己的反應，就已經在情境（事情）與自己的反應之間，創造了一個空間。

透過覺察自己，看到（發現）自己真的很生氣，自己真的很難過，身體很緊繃……或許也會注意到與生氣這個感覺相關的念頭和感受，像是：想報復、很委屈、沮喪、害怕、嫉妒、難過等。

此時，你可以在兩隻手指之間打開空間（分開兩隻手指），將「生氣」與「反應」隔開。並說明「自動反應」就有機會變成「回應」，一個覺察和思考過後，做出較冷靜的選擇。

不只是孩子，大人很多時候情緒上來也容易衝動行事，可與孩子一同約定，在生活中有意識的留意自己是「自動反應」（連體手指），還是給自己有些空間（兩隻手指分離）好好回應事情。

以好奇心活化孩子的上層腦

我們是如何知道自己想要這個、或想要那個，並且做出選擇呢？

美國社會與人格心理學家沃爾特．米歇爾（Walter Mischel）在史丹佛著名的棉花糖實驗中對五至六歲孩童進行一項研究，他讓孩子進到只有一張桌子和椅子的空房間，當孩子坐下後，在桌上放了一個棉花糖，並且告訴孩子，他會離開十五分鐘後再回來。孩子如果想吃掉棉花糖也可以，但如果桌上的棉花糖還在，就可以得到第二個棉花糖。

試想，若你只有五歲，會怎麼做呢（你也可以問問孩子）？你是依據什麼做選擇的呢？

這個研究發現有三分之二的孩童能拒絕眼前誘惑，拿到第二顆棉花糖。研究人員發現，有的孩子是根據身體的訊號（流口水、舌頭一直舔等等反應）做出決定，而有的孩子是讓他們的心智（我想要兩個，所以我要等一等，用唱歌跳舞轉移注意力）主導決定。當然耐心也是重要的因素。

你應該已經發現，幫助我們做出選擇的，是身體和心智的覺察與管理。有時候是身體主導，例如當飢餓、口渴、精力旺盛或疲累的時候。有時則是心智幫助我們了解自己比較喜歡（適合）或不喜歡（不適合）某個選擇，如：記得小時候連吃三碗刨冰後狂拉肚子的不舒服，所以不再選擇吃刨冰，若想吃冰品也是少量。由記憶判斷可能帶來好處或困難，幫助人們做選擇。

有時候，身體和心智發出的訊息會一致，但有時候卻可能會出現兩種完全不同的走向。如：目前肚子不餓，但很擔心不吃飯身體會缺少營養、沒體力。

父母可幫助孩子好奇自己在生活中（食衣住行育樂）是如何做選擇。是聽到了身體發出的訊息？還是因為想法、感覺（心智）而下決定的？是身體在主導選擇，還是記憶、擔心、焦慮或其他在選擇？

學習察覺到自己所做選擇的來龍去脈，前因後果，並幫助孩子發現其他可能的選項，也注意到自己的偏好，或者容易忽略什麼訊息。如此一來會活化孩子的上層腦，打開更廣闊的覺知，清楚自己正在關注什麼以及為什麼關注，也懂得可以有彈性調整，並且為自己的選擇負責。

史丹佛學者在棉花糖研究多年之後，做了追蹤研究，發現了有趣的結果：與立刻吃下棉花糖的孩子相比，這些克制自己不急著吃棉花糖的孩子（只要等待一下，就能得到第二個棉花糖），在學校有較好的表現，有較高的大學入學分數，有較好的工作。這份自制力，來自於孩子能有意識的等一下，清楚自己為何要選擇這個「等一下」，做到自我管理延遲享樂欲望。

透過幫助孩子好奇並覺察自己如何做選擇，能夠活化孩子的上層腦。而教養者不馬上評價孩子選擇的對錯，更能支持孩子願意探索和了解自己做決定和選擇的細節。

在不擔心自己會被罵的狀態中，孩子可以減少因為下層腦的警鈴大響而造成上層腦當機，能安穩地知悉自己可以盡情嘗試、可以有選擇，能一次又一次練習做出更多與自己的目標、健康和幸福一致的選擇。

在遭遇困難與危險時安穩自己

在孩子成長過程中，一定會遭遇困難，如何培養孩子健康的面對困難、與困難相處的能力，也是多數父母關心的主題。

如前所說，大腦是出色的危險探測器，讓人們能夠在六分之一秒或更短的時間內注意到危險，而下層腦的杏仁核更是擅長偵測威脅。

比方說當我們看到眼前有一條蛇或一隻憤怒的狗，杏仁核很快會發出信號，警告我們需要離開，自我保護。

但有些時候，大腦的威脅偵測系統也會做出對我們不利的判斷。例如，如果要去看牙醫或擔心考試，我們就會變得害怕。若沒覺察到並暫停下來，想法帶動情緒，身體也出現反應，身心開始準備應付「威脅」。

若焦慮一而再再而三反覆出現，大腦偵測威脅的神經通路的門檻會降低（很容易啟動），我們會更容易、更頻繁地感到被威脅和焦慮。

在面對困難或困境時，學會在當下留意到身體的感覺，能減少杏仁核持續啟動危險信號，也就是以接納和友善的態度回應身體。

當你能夠注意到肩膀的緊張感，並且接受這或許是在提醒我們放鬆和休息，能使大腦朝向更健康的威脅偵測以及情緒感知模式發展。

透過以下遊戲，能和孩子一起輕鬆練習覺察身心信號與反應模式。

遊戲 59

玩玩摸冰塊（適合年齡：所有年齡皆適宜）

準備道具：孩子可以握住的冰塊大小，準備數個裝在冰桶中。

遊戲方法：

1．在給孩子冰塊之前，請孩子先留意在握住冰塊之前，自己現在有什麼感覺出現。腦中有什麼念頭？身體有什麼感覺？

2．把一到兩個冰塊分給孩子，請孩子一直握在手裡。

3．一至數分鐘後（視狀況決定），請孩子注意此刻腦中是否有這些想法出現：我會凍傷，受不了了，我沒辦法，為什麼要我握住冰塊、真狠心……同時也請孩子注意，隨著這個想法，身體和情緒出現什麼感受或變化？

4．現在告訴孩子：握住冰塊的感覺可能不太舒服，但這很安全，你也不會因此受傷（可以在手的底下鋪一張紙巾，才不會把地板弄濕）。

5．邀請孩子把注意力放在自己每分每秒的身體體驗，例如：感到冷、刺刺的、有一點麻麻的……也感受心情如何呢？會不會有怕怕的、煩煩的……等感受出現？更重要的是，請孩子留意一下當有這些不舒服的體驗出現時，心裡有什麼衝動也跟著出現？例如：想丟掉冰塊、想甩手等等。請練習去知道那是衝動，不需要把衝動變行動，只是知道此時此刻當下的自己正在體驗什麼感受。

6．現在請孩子想著「**這個練習是個挑戰，不會威脅到自己的生命**」、「**它只是挑戰**」，當覺得手很不舒服時，請帶著孩子做幾次緩慢的深呼吸，並請孩子稍稍放鬆手掌和手臂。過程中可以引導孩子看見：自己的身體好聰明啊，手會發出刺刺麻麻痛痛的感覺，身體在警示自己不舒服，真的好厲害，讓我們一起謝謝自己的小手。如果孩子還是覺得很不舒服，也請孩子不必擔心，先把冰塊放下一會兒，然後再試著握一次。

7．提醒孩子好奇並感覺一下，與自己的不舒服在一起，溫柔且不抗拒的握著冰塊時，自己的感受有什麼變化嗎？（例如：雖然還是不舒服，但程度好像減緩了，等等。）

8．最後，放下冰塊，和孩子一起看見自己有勇氣完成練習的遊戲。

遊戲後，請花些時間和孩子一起分享練習的經驗。當自己不抗拒，深呼吸幾次後，握冰塊是不是沒那麼危險了？挑戰之後，想法有什麼變化嗎？也和孩子聊聊，「握冰塊」就像是生活中會碰到的困難事件，例如：面對比賽、寫功課（上課）不專心時、考試緊張、受挫、吵架、收到不友善的社交媒體訊息等等。

當事件剛發生時，就像握住冰塊一樣會有「強烈的」無法忍受的感覺和情緒（不舒服、緊張、生氣、難過或是挫折等等），接著在深呼吸幾次後，自己會覺得好多了，稍微平靜一些，沒想到只要幾個深呼吸就能安穩心情，持續面對困難的問題。

請孩子記得，自己有個一輩子的好朋友—呼吸。它可以幫助自己調節神經系統，調控所謂的迷走神經，進而調節我們的情緒、衝動和注意力。只要和自己的呼吸在一起，就能更集中注意力，冷靜下來後以更有效的方式解決問題。

和孩子玩過摸冰塊遊戲之後，你可以每天或每週與孩子一起分享：今天（這週）有沒有「握到冰塊」（有沒有發生困難事件）呢？情況如何呀？

把生活中的困境變成親子間聊天的話題，關心孩子之餘，也提醒孩子友善地對待自己身心。

當孩子碰到各種大小困難之際，能夠透過自我關懷安穩自己（以自信的姿態「穩穩的坐著」面對困難），緩下極度活化的警報系統，並且開始能在環境中看到也有安全的跡象，將困難視為挑戰，而不是生命的威脅，也開始能將他人的信號解釋為安全、有益、愛與連繫，不總是擺出戰鬥姿態或是逃離現場，會嘗試以其他方式解決問題，會為正在發生的事努力，進而能夠適切地激勵鼓舞自己。

成長過程無論是誰都會面對各式困難，重點是能不能在遭遇困難與危險時安穩自己，全身心地從容面對。從困難中可以學習到經驗的孩子，將會無比堅強，在社會適應良好。

CHAPTER 5

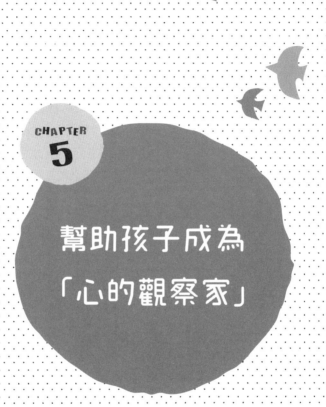

幫助孩子成為「心的觀察家」

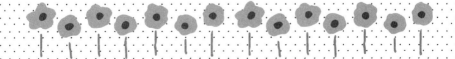

不像身體的五感和呼吸往往只在當下運作，「心」會穿越時空，有時跑到過去、有時又跑到未來，或者脫離時間軸處於幻想。

而且「心」還變化多端，有時靈敏、有時昏沈、有時滿足、有時匱乏，有時則處於抗拒、急躁、積極、怠惰、遲緩、僵固、彈性、柔軟、憂恐、猶疑、篤定、散亂、專注……等等狀態。

一個人「心」的狀態和品質，匯聚成人生的樣貌。

舉個例子讓大家更能理解。當你開車上班，正在依序下交流道時，此時後方快速駛來一輛汽車想要超到你前面。這時你可能出現：1、抗拒和焦躁心：×的，為什麼要讓你呢，我也在趕上班啊，不讓；2、平和柔軟心：他可能有什麼急事，讓他插隊沒關係的。

如果心是1的狀況，你可能會更大力踩油門往前衝，想當然耳「砰」一聲，兩車會撞到一起，必須等著警察來處理。不但無法準時上班，車子還要送修，心情更糟。如果是2，可能會稍緩一秒讓對方的車輛超前，然後你的車也緊跟在後，仍能正常到班。兩種心的狀態，引動不同行為，產生不同結果。

再舉個例子。二〇二三年亞運男子競速滑輪三千公尺接力賽，黃玉霖、陳彥成、趙祖政，在對上韓國隊時大部分時間是處於落後局面，但一路都緊咬著韓國隊。韓國最後一棒的選手眼看金牌快要到手，在尚未抵達終點線前便高舉雙手歡呼慶祝，但身為中華隊最後一棒的黃玉霖並沒有因此懈怠，最後一刻他伸長左腿，以近乎「劈腿」之姿領先韓國隊〇．〇一秒，率先衝過終點線贏得金牌。兩隊技術相信都在水準之上，但是一隊「心在當下」、另一隊「心跑到未來」，兩種不同的「心」帶出那「〇．〇一秒」微小但驚人的結果。

這就是所謂的「起心動念，八方震動」。「心念」就像是一個方向盤，引領人做出各種作為與行動，因此心念的狀態和品質會深深影響我們的生活。

當你能覺察心念，就能好好的運用它，並且在需要時調整它駛往良善的方向。因此，父母也需要幫助孩子成為「心的科學家」，了解自己的「心念」狀態、樣貌和素質，懂得避開傷害，向健康快樂的方向前進。

建議你透過以下活動與遊戲，與孩子一起「觀心」。

遊戲60

你的心像什麼動物？（適合年齡：所有年齡皆適宜）

1．準備猴子、小豬、刺蝟、兔子、烏龜、老虎、馬、長頸鹿、大象、松鼠……各種動物圖卡或是動物小模型，與孩子討論這些動物，聽聽孩子會用什麼形容詞形容這些動物的特性和特質。如：跳來跳去、動個不停的猴子；緊張、害羞的兔子；很重很重的大象等等。

2．如果可以用動物形容一下自己的心，你可以先示範，如：我覺得我的心累累的，就好像一隻很重的大象；我的心很忙，就像猴子一樣跳來跳去；我今天在上班的時候被老闆叨念「文件哪裡要改、哪裡不對」時，心就像刺蝟一樣伸出很多刺，根本聽不進去，而且很想嗆老闆「那你自己寫」。

接著，也請孩子試著形容並挑出上學時、吃飯時、寫作業時、練琴時、運動時……自己的心最像那一種動物，並說說看為什麼？

3．和孩子一起聊聊自己的心跟猴子（或任何一種動物）一樣時，後來發生了什麼事？得到或是付出（失去）了什麼？試著引導孩子也說說自己的情況。

帶著好奇心，輕鬆的進行這遊戲，能幫助孩子了解並知道自己心的狀態與行為之間的關係，以及可能導致的結果。

試著調節「心」的焦距

有一次去朋友家作客，朋友剛上小學的兒子從房間氣呼呼地走出來說：「我沒辦法寫作業啦！外面馬路上的車子好吵好吵。」

朋友很快回了一句：「不想寫作業找那麼多理由。」

結果孩子委屈地大哭：「我想寫作業，但是好吵真的沒辦法！」

我拍拍他說：「真的很想寫，又沒辦法寫，加上被誤解真的很委屈吼。」接著邀請他一起到書房玩個小遊戲。

我帶著他一起專心聽馬路上的車子出現哪些聲音？有多少種類？聲音的大小？音量都一樣嗎？玩了一會兒之後，我請他試試一個神奇的能力。一個他可以練習的神奇能力：「就像照相一樣，現在把『馬路上車子的聲音』拉到背景，接著對焦在自己寫字的聲音上，試試看會發生什麼事？可以聽到什麼聲音？」

孩子覺得很神奇，以前從沒發現筆、紙張和桌面碰觸的時候，會有咚咚、刷刷、嘶嘶……各種聲音，雖然車子的聲音沒消失，但是變得糊糊的。

我跟這孩子說：「哇！你才練一次這個神奇的能力（有意識地轉換注意力），就這麼厲害！你想不想再試試看用這個神奇能力，把注意力放在筆和作業本上，繼續寫作業？」

孩子很開心地接受挑戰，也寫完了功課。

還記得前面曾提到「有力量的安靜」？這個能力每個人都有，是可以透過練習找回來的。日常生活中總是有許多聲音干擾（操場上的喊叫聲、施工的噪音、別人的碎碎念……），若是孩子能在觀察到心亂、被干擾時，嘗試透過調節焦距，安頓一下心情，將專注力帶回到現在正在做的事，並完成它，將會對自己的掌控力產生信心。

遊戲
61

聲音就只是聲音（適合年齡：所有年齡皆適宜）

準備道具：一塊布巾。

遊戲方法：

選個合適的時間和空間，邀請孩子一起玩「聽聲音」遊戲。

可以運用「有力量的安靜」技巧（P.41）一會兒後，再請孩子試著注意耳朵聽見的聲音。

不管是室內、室外、遠的、近的，是否有一些聲音會讓自己覺得不愉快、煩躁或覺得干擾，例如：電風扇、冷氣機的聲音等等。如果有，現在請覺察不愉快、煩躁或覺得受到干擾的感受，透過呼氣送到你手上的布巾中，然後當著孩子的面，把布巾打包放在旁邊。

接著告訴孩子：「這些感受我幫你保管一下。」請孩子再用耳朵聽這個聲音，只留意聲音的物理現象，如：現在這個聲音的大小、強弱、高低、厚薄、長短、頻率、音質等等。請按照孩子的年紀來引導察覺聲音的變化。如：聲音會一直停在那裡嗎？聲音和聲音之間有沒有發現空隙？

聽聽孩子述說發現到什麼，尤其從聲音的物理現象聽到了些什麼，而不是述說聽到聲音的感受如何（因為感受已經被布巾打包了呀）。

如果時間允許，也可以讓聲音走秀一下，一次只注意一個聲音（主角走到台前），其他聲音試著放在後台。一個個注意聽聲音的物理現象，一次又一次轉換前台和後台，看看孩子對聲音的體驗有什麼新發現？

最後，請孩子把注意力手電筒轉向「現在的呼吸」，聽聽自己一吸一呼的聲音，其他聲音都當成背景。如果注意力不小心跑掉也沒關係，把注意力手電筒再照向呼吸，一次又一次的練習，感受呼吸帶給身體的感覺，品味有力量的安靜。

透過陪伴孩子進行「聲音就只是聲音」遊戲，能增強孩子觀心的「心靈肌肉」，明白生活中有些事是能夠改變的，只要帶著勇氣去行動就能出現改變。而沒辦法改變的事，可以試著用「有力的安靜」穩住自己，接受這些事就是在旁邊，但可以試著把這些當背景。

同時別忘了，用自己的好朋友「呼吸」作為前景，專注定錨，讓自己的心平靜，再接著去做必須完成的事情與好好生活。

你所想的不一定是事實

看著下面的圖形，請問你聯想到什麼？

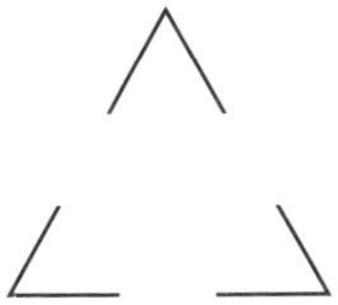

有人會說：三角形。

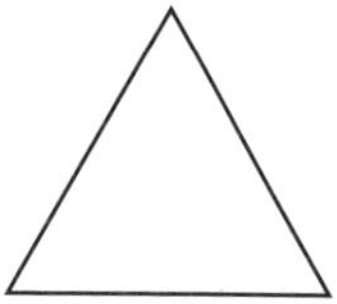

或是星星。

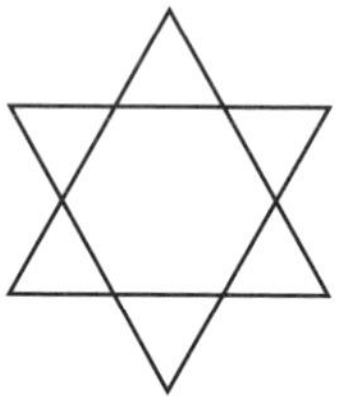

可能還有其他。我們再來實驗一下，請你留意看到以下「訊息」時，心思正在做什麼？

訊息一：阿寶搭上公車。

訊息二：阿寶腿上放了一個小熊熊玩具。

訊息三：阿寶很興奮等一下就會到見到孫女了。

訊息四：阿寶才和朋友一起練完社區晚會要表演的廣場舞，覺得有點累。

看到「訊息二」時，你覺得阿寶是女生或男生？

隨著看接下來的訊息，你腦中是否在猜想阿寶年紀多大？

腦海中會出現公車、小熊玩具的影像嗎？是否有顏色？影像會動嗎？有聲音嗎？

當你留意到腦海裡同時有視覺、聽覺的出現，身體其他部位是否也有出現什麼感覺？

也許有些人建構了其他很多細節，包括：公車椅子的質感、車內與車外的風景，等等。

我們的大腦非常擅長自動填空，就像看到一張未完成的圖片，大腦就開始填補空白；訊息來了就反應，再來個新訊息會改變反應且又自動想像。

看戲劇與故事時，我們常常無意識腦補；與人對話溝通時，如果對方語速較慢或詞窮時，也會很快自動填空完成對方尚未說出口的句子，或「不斷」猜測。

大腦會提取過去的記憶、經驗，去理解此時此地的經歷，而每一個人的想像、猜想和習慣也不太相同。但是，哪一個記憶與經驗為真？也許為了填補空白帶出的是一個接著一個虛構經歷。

當我們了解大腦有這個特性，就能減少隨著「心中所想」起舞，保留一些「也許是、也許不是」的空間，讓自己有澄清和確認的機會和彈性。

遊戲62

小小偵探家（適合年齡：幼兒童）

孩子難免因為各種因素讓「心」產生抗拒、急躁、僵固、憂恐、猶疑等狀況，它們並沒有對錯，都在提醒主人需要聆聽和關照一下自己。透過小小偵探家，父母可陪孩子一起確認現在想的是事實嗎？

大班的俊宇常常說「我好怕」，難以嘗試新經驗。有次他覺得浴室窗外有黑黑的東西飄來飄去，之後就沒辦法一個人如廁，讓爸媽很困擾。

於是我建議俊宇的爸媽陪著孩子當偵探，一起好好觀察窗戶外的「東西」是什麼，害怕一個人如廁的問題就解決了。原來窗外有棵樹，樹的對面有路燈，當夜晚風大時映照在窗上的黑色樹影就會飄來飄去。

當我們生活卡住時，練習像偵探一樣研究此時出現的想法是什麼？正如何體驗它們？是否有聲音、圖像或是兩者都有？「這個想法」讓心（情緒）出現什麼傾向（抗拒、急躁、僵固、憂恐、猶疑等）？請用安全的方式去確定是否為事實？

很多時候你會發現，你想的不一定是事實，也會發現當你的想法改變了，心的狀態和品質也會隨之轉變。

如其所是，不加油添醋也不過度捲入

發了訊息，朋友已讀不回。你可能會反覆琢磨是不是自己說錯話、還是做了什麼讓對方不舒服，不斷回頭看自己寫的訊息有沒有問題，甚至揣想各種不好的事：難道朋友出了狀況？……越是揣想，生氣、煩躁、不安和恐怖等等負面感受接踵而至，不知不覺影響到身體狀況（怒傷肝、喜傷心、思傷脾、憂傷肺、恐傷腎）。

大腦除了非常擅長自動填空之外，也很擅長預測與應付威脅。為了幫助人類存活下來，因此注意力會習慣尋找及關注會出錯或可能出錯的事情，為最壞的狀況作準備。這是大腦的預設功能，只是它並不完善。當我們的注意力受制於視之為威脅的事物時，容易因過度思慮而鑽牛角尖和焦慮。

我們能透過後天訓練幫助大腦：強化「對於一個又一個的心念（想法），不加油添醋也不過度捲入」的心靈肌肉，才會有多的能量去辨識什麼是無助益或「不合時宜」的思慮，並將它暫停。

以下活動與遊戲可與孩子一起練習：

遊戲63

靜觀溪流（適合年齡：所有年齡皆適宜）

1．到郊外旅遊時，若有機會可以帶孩子去欣賞溪流的風景，找一處能靜靜觀看溪流的地方，邀請孩子注意是否能發現隨著溪流漂流過的葉子、花瓣、樹枝……等等。觀察一會兒後，請孩子說說發現了什麼東西從眼前漂流過去，安全、輕鬆、好玩即可。

2．找機會和孩子分享自己腦袋裡的念頭和想法，總是多得不得了。例如：你聽著我講話，可能腦子就有「剛剛看的卡通畫面」、「等一下要吃冰箱裡的蛋糕」、「好累好想睡覺」……等念頭與想法出現。

也可直接請孩子就當下經驗，試著挑戰在一分鐘內，注意到自己有任何念頭、想法或者畫面出現，就像看溪流漂過的葉子一樣，一個葉子就是一個念頭、想法或畫面，數數看一共有幾個。

計時閉眼一分鐘後，親子一同討論注意到的念頭。讓孩子了解：心思總是很多，一個又一個出現是很正常的現象。

3．找適合的時間，和孩子一起「有力量的安靜」坐一會兒後，邀請孩子進一步練習想像自己坐在溪邊就只看著溪流中漂過的葉子，不必跳到溪流裡去撿起葉子，和問葉子：為什麼葉子在這裡？葉子你為什麼長得不好看？……等等。請孩子就是留意自己的大腦河流有什麼念頭想法出現即可，一個念頭就像一片葉子，只需要**看著**葉子漂流過去就好。試試看不論注意到大腦河流出現什麼，練習**不需掉入激流中**，只需要看著大腦河流持續的流淌著。閉眼練習一會兒後，一起分享練習心得。

遊戲 64

讓念頭像雲一朵朵飄過（適合年齡：所有年齡皆適宜）

邀請孩子與自己一起在安心、空間舒服的地方坐好，閉上眼睛，呼吸覺察一下（可以運用之前所介紹覺得適合孩子的遊戲）。

待孩子準備好，邀請孩子將注意力帶到是否有什麼念頭流過腦海。不用管念頭對不對、好不好，只要觀察就好。

接著，請孩子想像自己是一個大大的天空，天空中有多少雲朵都沒關係，因為天空大到可以容納一切。感覺自己就是那麼廣大和寬闊，現在讓浮現腦海的念頭化身為小小的雲朵，一個又一個出現了、然後飄過去。

只要看著雲朵就好，不需抓著它，只要觀察它並描述它。例如：那是關於和同學玩球的念頭；那是有好多作業很煩的念頭；那是什麼時候才要結束練習的念頭；那是……放輕鬆用寬闊天空的眼光，看著一個又一個的念頭像雲朵飄進來又飄離開來。單純享受成為一片天空的寧靜和祥和。

想像了一段時間後，張開眼睛完成練習。親子可以一起分享，做完練習後有哪些感覺出現。

安穩狂亂的心

我們的心，很多時候不受控，大人與小孩皆如此。有時候心好像猴子，從一棵樹跳到另一棵樹。有時候像螞蟻，一直奔走不停歇；有時候像河馬，懶洋洋的；有時則像小鹿，小心警覺……心情一會兒擔憂、一會兒興奮，變化多端。

我們的心很特別，可以觀察也可以訓練。當你發現狂亂的心無法安定時，透過「注意力」能將你帶到當下定錨。一次又一次發現心走失了，就一次又一次練習將注意力引導回到錨所。

就如同在訓練你的寵物時，你不會對牠一直打罵，而是有耐心的一步步引導並重覆訓練，還會拍拍牠鼓勵牠，賞牠吃點心。若你對寵物打罵，寵物會更不願意聽從命令。

同樣地，心若是不聽話，也無需擔心。請帶著堅定、耐心和慈愛，溫柔地對待自己，不責罵自己。只要堅持練習，若干時日後，你會發現注意力開始變得較容易集中，狂亂的心，也像搖動後的靜置的靜心瓶，會慢慢安穩下來。

遊戲 65

溫柔抓蝴蝶（適合年齡：幼兒童）

1．問孩子蝴蝶是怎麼飛的，請孩子用自己的手和身體表演出來。接下來再提問：抓蝴蝶是很容易還是很困難的呢？太用力抓的話，蝴蝶會如何？（通常更抓不到、而且蝴蝶會受傷）。輕巧又溫柔抓蝴蝶又會如何？（成功機會變高）。

2．與孩子分享：我們的心思就像蝴蝶一樣，它可能在身邊飛來飛去，而且飛得很快。心思飛走的時候，可以用手當作網子輕輕的抓住它。你可示範慢慢地移動手臂，像是要抓住一隻蝴蝶般，並輕輕地將你的手放到肚子上。就好像是把心思與注意力抓回到呼吸上（用手摸著肚子感覺自己的呼吸）。

3．接著來觀察我們彷彿是蝴蝶的心思。和孩子一起讓身體「像山穩穩坐著」，並且將眼睛閉上，試著將注意力放在肚子呼吸時的上下起伏。

一旦感覺自己的心思飛走的時候，想像用手（或也可以直接動作）輕輕的抓住它（摸著肚子感覺自己的呼吸）。提醒孩子持續感覺自己正在呼吸，直到心思又飛走時，就再一次抓住它，接著又會繼續專注在自己的呼吸，練習三至五分鐘。練習完之後，親子可輪流分享：「我的身體覺得……我的心覺得……」。

「溫柔抓蝴蝶」遊戲也能作為孩子從事活動之前的暖身，例如：寫功課前、學游泳之前等等。也能作為親子活動的暖身。重點是，不要忘記你自己也要參與其中。

遊戲 66

動物保護員（適合年齡：幼兒童）

當孩子的心不安穩時，找個適當的時機，邀請孩子觀察哪一隻動物來找自己了？可以用說的、寫的或畫的方式，表達出這些動物，形容該動物的特徵。

請孩子當這個動物的保護員，帶著好奇心與仁慈心，照顧牠一會兒。

如果自己的心煩躁得像猴子，請保護員試著先給牠可以活蹦亂跳的安全空間，讓牠跳一會兒，也持續保持耐心、好奇地注意著。如果心是呆滯得像樹懶，也抱著好奇、耐心觀察一下，看牠需要什麼樣的照顧。如果心是狂野和憤怒得像隻老虎，就請孩子覺察這感覺，並給予空間與時間讓牠安靜下來。

無論如何，照顧員都得與各種動物在一起，給牠溫暖的空間，包容、接納和保護牠。

帶著孩子有意識地做個「動物保護員」後，再試著帶孩子一起做「有力量的安靜」，接著持續進行該要做的事。

允許心可以有任何的經歷和狀態，不叱責心並給予空間，這是讓心安穩下來的好辦法。

遊戲
67

有覺察的正念行動（適合年齡：所有年齡皆適宜）

找機會和孩子一起聊聊，因為緊張而失誤（失手）的經驗。如：上台忘詞、表演失常等等，就像許多籃球高手平常可以連投十個正中籃心球，但比賽時卻可能因為緊張投不進。

比賽往往令人緊張，產生窒息感，使得大腦空白，身體僵住，令人沒辦法正常表現。因此，有許多職業運動員開始練習正念行動，幫助自己的心在面對緊張時，仍然能展現原有的技術品質。

洛杉磯湖人隊在比賽前，球員會圍成一個圈一起正念呼吸，熱身時正念熱身，穿襪子時正念穿襪（去感受拉起襪子時手和腳的感覺，聽到的聲音）等等。這些正念活動會幫助我們清空大腦，把注意力集中到身體，感受身體直到身體的末端（手腳、皮膚），感受到舒緩與踏實。

孩子在面對緊張時，以正念行動安穩自己很有用。

正念行動：可以是帶著覺察喝水、走路、上洗手間、穿表演服、準備樂器。也可做三次正念呼吸，再用右（左）手指或握空拳輕敲敲自己的左（右）肩下方（敲敲穴道）等活動，請孩子找到適合自己的方式。

遊戲68

清理心的空間（適合年齡：所有年齡皆適宜）

當孩子靜不下來時，邀請孩子一起玩這個遊戲。

請孩子在腦海想像一個地點，是個安全、自在、舒服，自己喜歡的地方，可以是小時候去過的、或者想去的地方，卡通或電影中看過的場景也可以。

當孩子說出這個地點，請他（她）在每一個呼吸後，彷彿更清楚看到、聽到、聞到那個地方的景色、聲音和味道。讓身體就好像待在這個安全之地。

感受安全之地一會兒後，提醒孩子注意，靜不下來的思緒可能會來干擾，沒關係，就去注意跑來跑去的思緒是什麼？可能跑到過去（早上玩的遊戲內容），或更遠的過去（上個星期天被妹妹吃掉的最後一顆巧克力）。

不管是什麼想法、念頭或畫面進入心的安全之地，請想像自己正在抓住那個想法、那個畫面，把它放在自己旁邊，或放進一個籃子或盒子裡，可以隨時拿回它。那些都是腦海中過去的想法，把它們清理出來，放下，放到一邊。

也許，你會發現思緒跑到未來——今天還要做什麼事，或更遙遠的計畫……同樣發現並看見它之後，就把它帶到你的秘密基地放著，你隨時可以找到它。

一個個持續清理，放著，直到感覺心的空間舒服自在些之後，請孩子做三個深深吸氣，緩緩吐氣後，張開眼睛。

若有時間或需要，可以邀請孩子把安全之地具像的畫出來，然後放在自己喜歡的角落，提醒自己有這麼一個安全之地，如果需要，任何時刻都可以想著它，然後清理一下心的空間。

遊戲69

大自然心像法（適合年齡：所有年齡皆適宜）

接近大自然中的花草、樹木、海洋、湖泊、天空、雨滴……人們心中自然而然會升起幸福感，大自然具有療癒力。

當自己或孩子忙碌、壓力大、心煩躁、或只是想休息時，可以試試看大自然心像法，如：

想像「我是一朵清香的花」：吸氣，我看自己是一朵花；吐氣，我感到清新芳香。吸氣，花兒；吐氣，清香。

想像「我是一棵自在又頂天立地的大樹」：吸氣，我看自己是大樹；吐氣，我感到頂天立地的自在。吸氣，大樹；吐氣，自在。

想像「我是一池寧靜的湖」：吸氣，我看自己是一池靜湖；呼氣，我感到清澈平靜。吸氣，湖水；吐氣，清靜。

想像「我是一座安穩的山」：吸氣，我看自己是一座山；吐氣，我感到安定穩重。吸氣，山；吐氣，安穩。

親子可以一起發想，大自然中還有什麼可以提醒自己發展的「特質」，在吸氣和吐氣的幾秒鐘裡，運用大自然心像法恢復自己，如花兒的清香、大樹的自在、湖水的寧靜、山的安穩等等特質，透過呼吸連結特質，釋放緊張，安穩狂亂的心。

在日常中，有機會就與孩子玩各種安穩自己的遊戲，能幫助孩子在大腦中建立一個捷徑，在有需要時可以通過捷徑支援自己。

父母也可以和孩子共同建立任何靜心的有力訊號，如：搖搖靜心瓶；指出自然景觀的圖片；敲敲鈴鐺等。當發出以上訊號，就是練習安穩自己的時刻到了，提醒彼此進入這個有益身心的狀態。

我也很建議父母常常和孩子互聊「心」事，例如：當我專心畫畫時，感受到自己像清澈寧靜的湖水，專心又平靜，那你呢？

親子一起保持著好奇、熱情、客觀，勤勞專注的「觀心」，有助於我們處理起伏不定的心緒，將注意力「定錨」於身體和呼吸上，讓我們的心即使遇上風暴，也可保持冷靜，做出適切的回應。

CHAPTER 6

孩子也能照顧自己：累積幸福存款

曾看過一部廣告影片，影片中找來FBI的專業人物素描師，進行一個有趣的實驗。這位人物素描師被布簾隔著、並背對著參加實驗的人，在看不到對方的情況下，由素描師問幾個問題，包括：描述一下你的頭髮、下巴、下顎和覺得自己顯著的特徵等等，透過實驗對象對自己的描述（如：臉的肉很多圓圓的、雀斑很多、額頭很大等等），再由人物素描師畫出實驗對象的臉。

接下來，素描師再請實驗對象的親友描述實驗者的臉與特徵，再另畫一幅畫像。最後將兩幅畫像放在一起，請當事者觀看。

參與實驗的人看到非常不同的兩張臉，都很驚訝，甚至眼眶泛淚。實驗在受訪時分享：「我自己描述畫出的臉看起來封閉、臃腫且鬱鬱寡歡，親朋描述的卻是呈現開朗、友善和快樂的臉」、「我要珍惜自己最自然的那一面，因為這會影響交友的選擇、想找的工作，還有對待孩子的態度，對一個人是否快樂有關鍵的影響」、「我們常挑剔自己……應該把時間用來欣賞原本喜歡自己的地方」。

這個實驗帶出了一個重要的訊息——你比自己想像得還美麗。

如同上述參加實驗的人，我們不斷看向自己不夠好的地方。覺得自己不夠厲害、不是第一名、不傑出……更不接納當下的自己，讓自己變得焦慮、煩躁、不快樂、無精打采。

大腦很聰明，但不完美——人類為了生存下來，大腦自古以來就容易注意到壞消息，用以避開凶險。

但是我們若經常用這樣的視野生活，那麼生活中往往只有壞事，難以有幸福感。

生命中確實充滿各種困難與挑戰，那麼我們更該儲備足夠多的喜悅和美好，用以照顧自己的負面情緒。我們需要練習欣賞美好，保護自己內在的喜悅，用以應對生活中的挑戰。

當大人有意識地把注意力集中在美好、清新和療癒的事情上，那麼孩子也會跟隨我們留意到它們，並培育出在面對生活各種挑戰時，仍然能欣賞美好、感受幸福感的能力。

遊戲70

美好牆（適合年齡：所有年齡皆適宜）

親子一起在家創造一面美好牆（盡可能是每天都會經過的牆面）。準備些各色便利貼、膠水、彩色筆、膠帶、圖片、剪刀等等需要的文具用品，親子可以一起創作。把代表美好、快樂經驗的圖片、照片、卡片，或自己畫的、寫的便利貼等等，放上美好牆。

接下來在每天、每週或每個特別的家庭節日，每個人都能把自己感受到的美好事蹟、事件等，貼上美好牆，家人間互相分享。

遊戲 71

幸福點播時間（分享小小愉悅事件）（適合年齡：所有年齡皆適宜）

與孩子共約每天或每週的某個時刻，在適合的空間，一起聊聊今天或最近感到愉悅、快樂的美好經驗（開心的事），或是看見什麼美好的事物，例如：吃到多汁的橘子、曬曬冬日暖陽、聞到花香、遊戲時想到一個好點子……等等。可以引導孩子說說當時的心情？身體的感覺？當下的念頭？以及和家人分享美好體驗之後，此刻身體與心情又有什麼感受或變化？有什麼想法出現呢？

遊戲 72

給星星時間（適合年齡：所有年齡皆適宜）

星星代表的是：一個佩服或一個謝謝。可以是在一起用餐的時間，或在睡前來個家人小約會，邀請孩子和家人給自己一個星星，然後自己也輪流給家人星星。

遊戲73

我的快樂盒（適合年齡：所有年齡皆適宜）

邀請孩子為自己找個空盒子，收集些令自己感到快樂或想起美好時光的小東西，如：貼紙，小石子，珠珠，照片等，找個特別的地方把盒子收好。任何時候，需要提振心情時就打開快樂盒，看看並摸摸裡頭的小東西，回想並重現自己的美好時光。

生活總是苦樂交織，學習看見美好與幸福，點燃對喜悅的敏感度，當孩子

（包括你也是）對美好的的體驗能保持覺知，感受愉悅平和的大腦神經元便會發射、串連在一起，建構更耐久的快樂大腦迴路，這會支持一個人面對「苦」的心理韌性喔！

連結讓人不孤單

美國曾對護理之家的老人做研究，把老人分成兩組，兩組的年紀、性別、疾病種類與嚴重程度相近。第一組的老人被鼓勵自己多做決策，如：在哪裡見客、什麼時候想看電影等等。而第二組的老人則是被鼓勵多多讓護理之家的人員協助做決策。

研究的其中一個項目，是在老人的房間裡放盆栽。對第一組的老人說：「這盆栽會讓房間有活力朝氣，現在它是你的了，你可自行決定要讓它茁壯，還是枯萎，自行決定要不要澆水、以及澆多少水。你想怎麼做都好。」

對第二組的老人則說：「這盆栽會讓房間有活力朝氣，不過不用擔心，你不需要澆水或照顧它，護理之家的工作人員會幫你處理。」

一年半後，老人接連過世，這在護理之家是預期中的事。但是研究人員發現，在相同時間內，兩組老人的存活率卻有很大差別。

第二組老人的死亡率和護理之家的常態死亡率一樣，然而，第一組老人是常態死亡率的二分之一。透過研究數據得出一個推論，在護理之家的老人若能在生活中擁有更多掌控權，即便只是做些小小的決策，能延長壽命。

從另個角度來看，那些被告知可以自行照顧植物的老人們，會與植物產生連結，因而產生被需要的感覺，即便只是小小的被需要都是延命靈藥。

當一個人感覺到與其他人事物有所連結時（即便是與寵〔植〕物的關係），身體中的催產素（愛的賀爾蒙）就會增加，壓力賀爾蒙下降，對健康相當有防護作用。

連結會讓人立即對「活著」產生意義感，而關係本身就能賦予生命的意義。因此，有意義的連結在生命中是很重要的滋養。

而我們透過什麼管道感受到與人事物連結呢？

就是身心靈在當下的醒覺，五感就是門戶。當你和家人一起吃飯，和好朋友一起喝咖啡，碰觸到某種質地、聞到某些味道、看到某個景物、聽到某個樂曲、嘗到某個滋味時，都可能會出現緊密的連結。

每個人都有能力和權利去與任何經驗或事物連結，體驗感受，差別是心在當下或心不在焉；是用善意、欣賞和用心品味的態度去體驗，還是沒興趣、挑剔、將經驗視為理所當然的態度去體驗。

不同的態度，對於「連結」的感受將會天差地遠。

當然賦予連結何種意義與價值，是個人主觀意見也必須尊重，比方說一條已經褪色、有些破爛的小毛毯，或是斑駁的小熊，對孩子來說是珍貴無比的連結，但是對你（或其他孩子）來說，卻可能沒有意義。

從孩子的角度來看，除了食物的餵養，父母的肢體觸摸、溫暖的動作和話語等等感受，都是獨特的連結滋養。若父母與孩子的互動是機械式的「身在心不在」，這種「距離感、冷淡、心不在焉」會帶給孩子挫折與惱怒。

親子之間的連結是孩子成長過程重要的身心養分。在成長過程遭遇挑戰時，因為有這分穩定安心的連結，即便是自己單打獨鬥，也能自在而不孤單。

親子從日常生活中，便能探索與體驗各種連結，一起打開孩子感受連結滋養的大腦神經迴路。

遊戲 74

擁抱呼吸（適合年齡：所有年齡皆適宜）

視孩子年齡大小，父母可以蹲下，直視孩子的眼睛。感受你眼中有我、我眼中有你，並一起感受此刻的呼吸。然後溫柔的擁抱彼此，再次感受身體貼著一起呼吸。接著彼此用力緊抱著，感受正在一起呼吸。最後鬆開擁抱，並感謝彼此。

另外也可以讓孩子學習自己給自己擁抱呼吸。

請孩子用雙手環抱自己，透過給自己身體兩側刺激，感受撫觸的安慰。

接下來在下一個吸氣時，順著慢慢的吸氣，同時大大張開雙手朝上，感受和世界萬物連結著，也可以想個對象比如祖父母、寵物、所愛的人、自己、任何對象。呼氣時，順著緩緩的呼氣同時收回張開的手，再次用雙手環抱自己，給自己一個擁抱。可重覆做個幾次。

最後再吸氣並張手給全世界擁抱，呼氣時雙手環抱自己，給自己一個深深的擁抱後結束遊戲。

感受透過呼吸，我們和家人與萬物世界都是連結的。

遊戲 75

我的樹朋友（適合年齡：所有年齡皆適宜）

在居家附近的公園散步時，或到外地家族旅遊時，找個有樹木的地方，全家一起玩玩「和樹做朋友」。

每個人選一棵樹朋友（或一起選一棵樹），環抱它、摸摸它（當觸摸樹的時候，樹也會成長得更好），每個人都跟樹介紹自己、描述自己的特質，接下來把從這棵樹發現到與注意到的特質，也跟樹木分享。例如：你的根深入大地、你的姿態頂天立地……等等。

過程中，可以提醒孩子，除了跟樹說話（說自己的心情），也聽聽樹給自己的回應，感受樹與自己「同在」。（甚至在需要的時候，讓這棵特別的樹成為自己的庇護所。這裡是安全的地方，回到這裡能夠帶來放鬆感，並且找回自己。）

全心感知大自然，能激發孩子的創造力。除了和樹木做朋友之外，也可以延伸與花、草、溪流、石子等等自然界的產物做朋友，如：把生活中的迷惑告訴小花小樹，享受看著溪水流過眼前，讓潺潺流水洗淨與帶走煩惱。

也可以嘗試與大自然玩扮家家酒，和樹木（溪流、雨水、大海、太陽、月亮、星星、大山、湖水、花等等）玩角色交換，讓孩子用「樹」的立場說話，父母還可以準備些道具，讓扮演變得更有趣。

與孩子一起感受與大自然的連結，並從中汲取大自然的智慧，學習好好照顧生活的環境。

因為每個人都是地球的一部分，地球也是自己的一部分。

遊戲 76

種植小盆栽（或是種下一粒種子）（適合年齡：所有年齡皆適宜）

讓孩子選一個喜歡的小盆栽，由孩子當主人，學習澆水並照顧它。

過程中，請孩子多多與你分享他在照顧盆栽時的觀察和體驗。

遊戲 77

一起畫說家庭樹（適合年齡：所有年齡皆適宜）

和孩子一起畫出三代的家庭樹（輕鬆方式即可），並說說家庭發展、變遷或其他重要變化以及家人的故事。讓孩子感受也看見血緣的連結，綿綿長長，在自己的身上有著所有愛、文化的傳承與連結。

遊戲 78

認識家鄉（或自己居住的地方）（適合年齡：所有年齡皆適宜）

逢年過節回家鄉時，和孩子一起探索家鄉的歷史、故事、名產、好吃的、好玩的、與有趣的人事物。

遊戲79

感受相連，感受支持（適合年齡：幼兒童）

在適合的時間和空間，邀請孩子一起想像坐時光機回到媽媽的肚子裡（或者直接讓孩子靠近媽媽的肚子），讓孩子感受自己曾在肚子裡與媽媽一起呼吸，自己透過臍帶和媽媽相連（也可準備一條布巾綁住彼此代表臍帶）。

一會兒後說：然後「你」出生了，醫生剪掉了臍帶（拆掉布巾），但「你」和父母仍有著隱形的臍帶相連。

請在此時說說你如何關照孩子，從嬰兒時期一直到現在的點點滴滴。讓孩子聽見和感受到父母珍愛他的事蹟。

接下來，如果適合，請準備小鏡子，親子可以一起找找彼此身體五官哪兒相似，這所有的相似都緊緊相連。

父母進一步可以和孩子分享：我們同時也與太陽、水、空氣、樹木、大地……相連著。

沒有太陽就沒有光和熱，幫你的身體製造維生素D；沒有樹就沒有清新的氧氣；沒有水就沒有河流，沒有大地就沒有土壤長出食用植物……我們和宇宙萬物都有著隱形的臍帶相連著。

一邊與孩子描述，一邊可利用圖片解釋，或是親子一起畫畫，畫出隱形的臍帶和許多心裡的寶貝（太陽、樹、爸爸媽媽、兄弟姐妹……）大家都連結著。最後可以一起看看畫出的圖，讓孩子感受自己和所有維持生命的元素以及人事物，有著這麼豐富的連結和滋養。

孩子在成長過程中，會體驗到不同層面的自我：我的身體，我的想法，我的感覺，我的東西等等，學習著獨立以及認識自己是獨立的個體。

但是，能夠在關係中獨立是很重要的能力，也就是獨立的同時，孩子依然需要與他人連結，需要有歸屬感，才能有安全感和心理健康。

而父母是孩子的重要他人。孩子在持續性的情感連結中學習獨立，會感受幸福和完整。

提醒父母幫助孩子打開身體覺察，因為身體五感的「打開」，能幫助孩子進行連結和集中注意力。當孩子把注意力放在哪裡，就可以和那裡形成強烈的連結。例如：看見冒出小芽的盆栽；一個擁抱或一個微笑，可以和親友產生更強烈的連結。

帶著孩子花時間欣賞美麗的日落、一道彩虹，或是感受陽光的溫暖，不讓思緒陷入不斷盤算、計畫或擔憂中，有助我們跟任何時刻與人事物產生連結。

它們原本就已存在於我們的生活中，我們只需保持覺察，在它們出現時保持關注。

懂得感謝與珍惜，會帶來快樂

二〇一五年美國加州大學曾進行長達十週的研究，將樣本分成三組。第一組每日固定記錄一些令他們感恩的事情，第二組每日記錄令他們厭煩的事情，第三組則記錄流水帳，沒有特定感受的事件。

研究發現，相較其他兩組，感恩組在十週後對於生活顯著感到快樂與滿意，並且有正向感受，活動力、健康、學業表現也顯著高於另外兩組。

美國心理學會（APA）與 *Journal of Health Psychology* 發表過的研究報告也發現，當我們將注意力放在感恩的感受上時，確實能夠對身體產生具體影響，包含：提升睡眠品質、減低焦慮與憂鬱、減少發炎反應、降低心臟疾病、與活得更久等。

感恩的力量還不只如此，「感恩」可以改變你的大腦迴路，讓你更快樂！

加州大學的腦神經研究另發現，當受測者收到禮物感到感激（恩）時，腦部的前扣帶迴皮層（anterior cingulate cortex）與內側前額葉皮層（medial Prefrontal Cortex）這兩個區域會被活化，而這些區域與道德、社會認知、獎賞、同理心與價值感有關。

感恩的情緒也讓我們對他人感到友善與支持，同時能幫助自己紓解壓力。感恩也會啟動下視丘。下視丘調節許多重要的荷爾蒙，掌管重要的功能，包括：體溫、情緒反應、生存機制，如：食慾與睡眠。感恩也會促進多巴胺的分泌，那是一種產生愉悅感的荷爾蒙。

「感恩」有這麼多好處，我們一起讓「感謝」成為親子間的日常吧！

遊戲 80

聊聊並分享感謝（適合年齡：所有年齡皆適宜）

1. 和孩子聊聊感謝（恩）是什麼？對自己有什麼好處？亦可以分享上述的研究成果給孩子，舉證感謝（感恩）會使他們感到快樂喔！

2. 邀請孩子當下就試試：一起想想三件自己最近在生活中覺得快樂和感謝的人事物，如：爸爸開車送我上學、同學邀自己一起玩遊戲、天氣放晴可以去操場玩……任何一件小小的事都可以。親子彼此分享感謝的人事物。

之後，若適合也請帶著孩子閉上雙眼上，呼吸覺察一下，並請孩子再次回想這些令自己感謝的事，感受這些快樂圍繞著自己，也留意當自己想到這些感謝時，身體出現什麼樣的感覺？心情如何？有什麼想法？

各種感覺都好，沒有對錯。當然也要和孩子提及，生活中也會有令我們感到生氣或難過的事，如果我們能注意到這些事，也要練習與難受的事情相處。但是別忘了，生活中仍有許多事情能使我們感到開心，例如那些讓我們感謝的人事物。

接下來可以和孩子約好一起蒐集每天令自己感謝的事，看看可以蒐集到多少呢！然後親子在晚餐時間或睡前分享。例如：在睡覺前回想三件令自己感謝的事，可以是：美味的食物，健康的身體，自己的勇氣（或特質），和家人與朋友一起玩等等。

遊戲 81

感謝食物（適合年齡：所有年齡皆適宜）

準備任何一個來自大自然的健康食材，和孩子一起帶著感恩的心，感恩太陽、空氣、水、大地、農夫、摘採、運送、包裝、採買、處理食材的人，一一細數，並帶著正念吃下它。

可以跟孩子一起這麼做：

準備一顆蘋果。邀請孩子一起細心觀察這顆蘋果。包括它的顏色、質感、紋路和光影等等（視情況可以加入耳、鼻、舌、皮膚等五感的覺察）。

過程中可以問些問題，讓孩子思考和反思。例如：蘋果從哪裡來的？它是突然出現的嗎？它的生長需要什麼條件呢？如果沒有陽光、雨水、泥土等條件，蘋果能生長嗎？如果地球離太陽太遠或太近，還有可能吃到蘋果嗎？從生長在蘋果樹直到放在盤子上享用，在那之前蘋果經歷了什麼呢？牽涉了哪些人？（種植、採摘、包裝、運送、卸貨、上架、購買、放在盤子上。）

最後，帶著孩子一起感謝所有的人與事，並以正念吃下它（如何帶領可參考《心念教養》正念品嘗果乾練習）。

在品嘗食物的過程中，同時也能喚起孩子的驚嘆、好奇以及互相連繫的幸福感！

遊戲 82

感謝小石頭（或其他小物件）（適合年齡：所有年齡皆適宜）

這是提醒自己常常練習感謝的方法之一。

在踏青或郊遊時，親子一起找一顆屬於自己、方便又好帶的小石頭（或其他物件）。

把小石頭放在自己隨時找得到的口袋或包包裡。當想起它就摸摸它，摸它時請回想一個感恩或感謝的事，並感受這件事帶給自己當下的身心愉悅感。

（請注意，有些風景區的石頭不能撿拾，請父母留意相關規定。）

遊戲83

帶著感謝之眼旅行（適合年齡：所有年齡皆適宜）

在親子旅行的時刻，共同約定帶著感謝之眼旅行，過程中試著對碰到的人事物，當下就說出並表達自己的感恩之情。

旅行結束後，可以約孩子一起寫下或畫下旅程感謝日記，有意識的留意所有值得感謝的事蹟，包括感謝自己。

不只旅行，也在日常生活中刻意留意那些令自己感恩的小事物。可能是從店員手中接過那杯熱騰騰的咖啡，同事間的一個友善微笑，品嘗家人為你準備的飯菜時。

當你察覺到內心有一點點的感恩，請暫停一下，感覺身體的感受，有意識的在那裡待一會兒。

這樣的小小練習，慢慢的會成為一種習慣。慢慢的，這樣的能力與感受也將透過你帶給身邊的人。

感恩就從你開始吧。

與孩子好好遊戲、休息、品味當下生活

教育往往是把我們訓練成「機器」，而不是教我們懂得生活、懂得遊戲和休息。

我們被教育要有效率、要達成某個目標，不能荒於嬉。習慣努力往前看，對

於和目標（如成績）無關的遊戲或休息等活動，常覺得沒有意義或有罪惡感，沒辦法活在當下，好好品味當下的休息、遊戲交流和生活的豐富。

為了學習各種能力及解決問題，當然需要把能量放在達成「目標」，但若將百分百的力氣、甚至只是關注要如何達成未來的目標，而忘了此刻的生活和適度遊戲與休息，身體會耗竭，心也容易常感到不快樂。

目標「Doing」模式只是人生的一部分，無需焦慮與罪惡，好好臨在的「Being」模式生活能力，卻是影響人一輩子的健康與快樂。

遊戲是孩子最自然的溝通與生活，也是另類的休息。

兒童體驗過什麼、對於所體驗過的事情的感覺和反應；兒童所期待的、想要的和需要的是什麼，以及對自己的觀感，常常會透過遊戲內容和方式玩出（投射）他們的經驗與感受。

孩子透過遊戲將自己說不出的需要帶回當下消化，遊戲是兒童所能參與最自然、生動的自我療癒過程，也是大人可以理解兒童的絕佳媒介。

人的一生不只是一直要「Doing」為目標奮鬥，想要活得好，就得學會生活、自在的遊戲與休息。我們需要被動的休息方式，如睡覺，讓細胞重新配置、成長、重建與自我再生。我們也需要積極主動休息，以提高醒覺和專注力，這會讓人更有效率，活得更健康。

讓自己與孩子保有「Being」的模式，好好遊戲、休息與品味當下生活，與幸福感息息相關。

遊戲 84

安排主動休息與遊戲的療癒時間（適合年齡：所有年齡皆適宜）

請於每日規劃至少15分鐘以上的時間與孩子一起自由玩耍和休息（一個人當然也可進行），沒有一定要如何或達到什麼，唯一要做的就是臨在當下。

建議關掉所有電子用品，手機電視電腦，讓這段時刻可以自然而然的展開，不受時間的影響，只是與孩子同在當下。例如：和孩子一起到公園玩耍散步、跑步、騎腳踏車、運動、打球、扮家家酒、各式角色扮演、下棋、打牌、玩桌遊、自由塗鴉畫畫、喝下午茶、吃點心、躺著聽音樂……等等都行。你可以請孩子提出希望你陪他一起玩的清單，然後和孩子共同排入每日的行程中。

友善自己和他人

學會友善自己的首要功課就是打開覺察，清楚知道自己讓什麼進入自己的眼、耳、鼻、口、身體和頭腦裡，而自己所選擇的東西（包括念頭、想法和態度等）又對自己的身心靈造成何種影響？清晰地分辨，即使失誤也不罵自己，溫柔且堅定地一次又一次練習。這是終其一生必須學習的功課，孩子當然也需要學習。

不只友善自己，友善也可以分享給家人和朋友們。當我們能帶著善意待人，心也會變得快樂。善意不一定是需要花大錢或送貴重的禮物給親友，透過簡單的方式給出善意就足夠。比方說：隔桌的同學突然掉了筆，伸手幫他撿起來；幫手上抱了一堆東西的老奶奶開門；排隊上廁所時，有人等不及了，你願意讓那個人先用廁所等等。

父母可與孩子討論，還有什麼方式可以表達善意？是否曾看過別人用善意待人的場景？或是自己曾收到過什麼善意？例如有人給自己一個微笑或打招呼，也是一種善意。

不妨也和孩子一起玩以下遊戲，體會對人友善。

遊戲 85

用愛心說實話（適合年齡：所有年齡皆適宜）

有時候，說實話會傷人。例如，對著做飯做得滿身汗的家人說：「這菜好難吃」；直接跟朋友大聲說：「你的褲檔沒拉起來」；在課堂上大聲宣傳：「XX同學沒有寫地理作業」，等等。可以反問孩子如果是自己聽到這些話，心情會變得如何？有沒有因為別人說的話，自己覺得很尷尬的經驗？

通常有評價性的實話或意見，往往教人難以下嚥，有時候或許是好意提醒對方。但若沒有以愛心（同理心）為出發點，只是一股腦兒說出來，容易讓人感到難堪與丟臉，當場無地自容，傷了對方的自尊。

父母可在生活中，邀請孩子一起練習帶著愛心說實話。什麼是帶著愛心呢？可以用下面五個指標，來幫助孩子練習。這五個指標請依孩子的年紀舉例，讓孩子容易理解：

1. 先想想說話的**時機點是否恰當**，如果自己正在情緒中、或對方尚未準備好、或場合不恰當、或第一次見面就評價等，就可能是不太恰當的時機。

2. 好好**確認要說的事是事實嗎？**也就是對自己即將衝口而出的話，覺察一下是否可能只是自己的想像、自己的解釋、及評價或擔心，並不是對方的狀況。

3．**慎選語氣字詞**，覺察所使用的語言是粗暴的，還是柔軟的？換位思考一下什麼說話內容、語氣，才讓人聽得進去？

4．仔細覺察說話及給建議時候的**起心動念**是帶著**善意和愛心**，還是吃醋、嫉妒、想羞辱或顯示自己能幹呢？（有覺察就可以有選擇）。

5．**覺察說話的目的**，是自己的需要，還是想幫助別人，考慮說的內容是否對當事人有利益以及不傷其自尊。

當孩子愛挑剔或批評，說話帶刺，就我的觀察和經驗，通常是孩子很常批評自己，因此也擔心自己會被別人挑剔與批評，於是先用言語攻擊，先下手為強。

如果你也觀察到孩子有這種現象，請先提醒孩子用善意對待自己，練習常常看自己已經做到的部分。當然，在和孩子相處時，也要減少從自己的角度直接對孩子說：「你的字好醜」、「你胖得像豬」、「在團體中你講話好小聲」、「上台表演時，你的肢體太僵硬了」、「你像一條蟲蟲，動個不停」。

大人平時也要練習常常帶著愛心給孩子建議，多多鼓勵這個孩子，包括支持孩子可以有自己的意見、心情，不與其他孩子比較，即使有不夠好的地方，也先看見孩子已經努力的部分。

說實話的動機、時機和方法不適當，都可能會傷了他人的心。但是，當你帶著五個愛心指標說實話，相信能夠充分傳達自己的想法，也對他人友善，讓對方願意打開心扉、鬆下警戒，並且願意改變，不會壞了彼此關係。

一起和孩子共同約定用愛心為出發點說話，那麼在親子、家人與人際之間的交流，就會是溫柔慈愛的能量，聽者能欣然接受建議與指教，共享美好的關係。

善意的祝福（適合年齡：幼兒童）

和孩子實驗種兩盆豆芽，一盆每天用愛的語言呵護它成長，另一盆每天都對它大吼大罵，看看兩盆豆芽的成長會不會有差別？讓孩子看見善意的想法（語言）的影響力。

接著，找個合適的時間和場地，和孩子一起練習對自己與他人傳送善意的祝福。

你可以先和孩子「有力量的安靜」一會兒，待身心做好準備，請孩子舉起手放到心窩，你接著說：「現在，請閉起眼睛，感覺一下手放在心上時的微微熱度，然後試著感覺從心中有一道暖流流出，和手心交流著溫度。請在心中也流出對自己善意的祝福——祝福自己健康有活力、祝福自己平安和快樂。」

帶著孩子靜靜的感受一下，自己很健康很強健的樣子。感受一下，快樂臉上掛著大大的笑容的樣子。感受一下，正做著自己非常喜歡的事情，正被平靜祥和的事物所圍繞著，而且心也平靜祥和的樣子。

一會兒之後，邀請孩子將手心打開朝外，一起將這分善意也傳達給自己喜愛的人。請孩子在心中想起那個人的樣子，想到之後，請孩子跟著你慢慢念出下面的祝福語：

希望＿＿＿＿＿＿＿健康有活力。

希望＿＿＿＿＿＿＿快樂。

希望＿＿＿＿＿＿＿平安。

安靜一會兒之後，邀請孩子繼續將這些善意和祝福，由心傳達給心裡所想的那個人。如果還有想祝福的人，請孩子也能一個個持續給出祝福。

完成後，帶著孩子再把善意擴大，將祝福傳遞給世界和地球的萬事萬物，或是正在受苦的生命，祝福大家都能享有健康、快樂和平安。

最後請帶孩子在心中謝謝自己，願意用珍貴的時間做「善意的祝福」，這是會讓自己感到快樂、平靜、放鬆的活動，也是對自己和其他人事物友善的行動。

關照變化

在經歷不愉快或不喜歡的體驗時，我們總有個習慣想改變體驗。例如：臉上很癢的青春痘一定要立刻摳掉，儘管它們透過些養護就會自行消失；發燒的不舒服一定要立刻除掉，吞了一堆止痛退燒藥；情緒一定要馬上宣洩，於是衝動打人、罵人。

然而，當我們喜歡某一種體驗時，通常又希望能永久保持。一旦發現它們發生變化，不如自己所願，就非常不能忍受。

矛盾的是，我們面對棘手情況的思維，以及試圖馬上解決問題的行動，實際上會讓事情變得更糟。例如：一直反覆思索試圖解決一個不喜歡的情況，或者花很多精力試圖改變一些事情，反而使情況變得更麻煩，舉例來說：想盡辦法入睡，反而睡不著。

相反的，當你用包容，接納此刻，就是覺察當下每一刻的變化，去理解與允許狀況存在，也許無需太過用力，輕輕的順應變化就能調節自己，預期會變得更糟的情況可能不會發生，或在發生之後能大事化小、小事化無。

萬事萬物皆無常，這是生活不可避免的一環。當我們對變化不知不覺（如：忽視身體的疲累與異常訊息，堅持去跑馬拉松）；或是抗拒變化，常常會使人受更多苦。

覺察練習可以幫助我們與不斷變化的本質同在，如此一來我們能知道何時需要採取行動，從而讓必要的改變發生。何時不採取行動是最明智的做法，也許會發現，有時僅僅注意到變化就足夠了。

在體驗中學習，而不必去控制體驗。有意識的在生活中強健孩子留意變化的心靈肌肉，學習在留意變化中選擇支援自己的健康方式，能與變化相處。

遊戲
87

摸冰塊變化版

（請依照 P.146「玩玩摸冰塊」，並增加以下探索）（適合年齡：兒童以上皆宜）

把冰塊放在孩子的一隻手掌上，請孩子留意當冰塊在手心融化時，手會有什麼感覺。自己喜歡這種感覺嗎？或是不喜歡？想把冰塊放下來嗎？

接下來試著讓孩子持續握著冰塊等待三十秒（或更多），再問：你有注意到手現在又有什麼感覺？手心的感覺跟之前一樣嗎？想法或是情緒有任何變化嗎？

遊戲中也可試著請孩子把冰塊放在手掌的不同部位，或是用另一隻手握住冰塊，留意每次的改變會帶來什麼感覺。

重點是引導孩子看見冰塊的變化，以及不舒服的感受強度也會改變。有時候變化是來自身心內部，有時候則可能來自外部，而這兩者常是相互關聯。例如：冰塊在融化（外部），對冰塊的想法與感覺也在變化（內部），兩者有什麼互動和影響嗎？

請孩子分享摸冰塊的體驗後，視情況你還可以跟孩子談談生活中的相似狀況。例如：早起去上學感到暴躁，但是在學校收到某個好消息又感到高興；英文課背單字時，可能會感到緊張，但在散步回家的路上，迎面吹來涼涼的風，又讓心情緩和起來。

我們的感受會隨著念頭或想法出現，又在幾分鐘後發生變化，邀請孩子試著在生活中注意身心「內部」和「外部」如何相互影響、交互變化。

遊戲 88

觀看變化（適合年齡：所有年齡皆適宜）

和孩子一起透過照片或圖文，將自己的身體變化記錄下來，一段時間後

（如：一學期），請孩子說說看到什麼變化？此刻心情、想法和身體的感覺？親子也可以找出彼此小時候到目前成長的照片，排列出來一起觀看。

生活中有些變化是顯而易見的，例如天氣。有些則是不容易發現的，親子可與孩子一起共約在生活中尋找。

也許是在公園、街景中找尋季節變化的線索；和孩子一起看雲、看河流、看光影的變化，都是輕鬆觀看變化的活動。父母也抽時間陪伴孩子，從生活中看見自己身心的變化，包括：此起彼落的念頭、心裡的感受、身體的感覺、感知與衝動。

如此一來能使孩子體會到，原來我們無時無刻活在變動之中，無論執意選擇專注於何物，它總是「無常」。

沒有任何事物是永遠不變的，包括無生命的物質、地球、大氣、星辰等等都不停在變化。而我們只需要保持好奇與開放的覺察，學習和練習迎接生命中一刻接一刻的體驗，身心協同因應生活與變化。

孩子若能學會將變動視為生活中的一種挑戰（生命中還有更多其他挑戰，如：喪失、挫折），並不會威脅個人的安全與幸福感，親子都會減掉許多壓力。允許變化也靜觀變化。親子一起培養能有平靜的心去接受無法改變的事情，能有勇氣去迎接改變、做出相應行動，能有智慧去了解變與不變之間有何不同。

〔後記〕

你就是孩子最初的遊戲減壓師

當世界變得更加快速和現代化，孩子成長過程（包括我們）會面臨的問題之一就是無所不在的各式大小壓力。比如：環境變動轉換、手足玩伴爭吵、父母離異、功課作業繁多、網路資訊量大、經濟弱勢、人際孤立或被霸凌等等。

雖然在孩子的成長過程中，適當的壓力可以帶來推動力，促使成長和進步，但是如果累積了過多的壓力，而孩子又不懂得適當的釋放和管理壓力時，便可能出現「難搞」的行為（如：無故發脾氣、對小事情反應過度、大哭大叫、打人、踢甩東西、注意力渙散），退化性行為（如：吃手指、尿床、睡眠障礙、作惡夢、黏人）及身體不適（頭痛、肚子痛）等等。這些都會影響小孩的學習、專注、社交、思考、做出合適的決定、調節和管理衝動的能力，甚至會影響他們的免疫系統而導致生病。

壓力會影響人的大腦、整個神經系統和身心健康。在學習成為卡巴金（Jon Kabat-Zinn）先生一九七九年在美國麻省大學醫學院正念中心（ＣＦＭ）創立的正念減壓（ＭＢＳＲ）課程的師資歷程中，因為自己一直以來關注孩子及父母的成長和幸福感，我不斷反思著：這個為病人設計，幫助處理病痛壓力的課程，如何轉化成在華人家庭場域可以簡單方便進行，讓家庭中成員，無論大小，在日常生活中，就可以累積面對壓力時很重要的復原力，而非要等到家庭中有任何人出現「身心疾病」時，才開始關心——如何面對及與壓力共處。

於是我在二〇一六以正念為內核，融合積極、發展心理學及家庭系統的視野，並加入遊戲治療、表達性藝術治療和心理劇等動態助人法，創建了ＭＢＰＳ（Mindfulness-Based Parenting System）正念教養系統課程，在台灣、中國各地推廣將正念鑲嵌在教養育中，並於二〇二三年出版《心念教養：照顧與滋養自己的40個正念教養練習，為教養減壓，親子共好》一書，期盼透過課程、工作坊、講座和閱讀，啟動父母展開覺察，從滋養自己、慈愛自己開始，進而看見孩子真正的需求，在可能的每個當下給予孩子智慧與愛的回應。

MBPS提倡父母首先要培育自己的正念覺察，並在覺察之後對覺察到的現象（無論是自己或者孩子）採取慈愛、不傷害與智慧的行動。「正念覺察」和「愛與智慧的行動」像是鳥的一對翅膀，缺一不可。沒有帶上覺察的行為，通常是衝動和習慣性的反應，對孩子和解決問題不一定有幫助。而只有覺察卻沒有愛與智慧的行動，在教養（育）現場是沒有力量的。

當然如何幫助孩子也擁有「正念覺察＋智慧與愛的行動」的雙翼，能與壓力和困難共處並管理它，讓自己朝向健康快樂展翅飛翔，也是我一直推動和舉辦各式兒童、青少年及親子正念成長營隊和活動的初衷，相信這也是父母關心和期盼的。

早在一九九〇年代丹尼爾・高曼（Daniel Goleman）就提出除了IQ更要重視情緒智商（EQ）的概念，而EQ是能夠依照當下的情況，適度的覺察、理解和管理自己和他人的情緒反應。當前全球備受關注的教育趨勢ＳＥＬ（Social Emotional Learning）（註：ＳＥＬ社會情緒學習從二〇〇二年，聯合國教科文組織就向一百四十個國家的教育部發布實施原則，包含自我覺察、自我管理、社會覺察、人際技巧、負責任的決策等五面向）以及１０８課綱強調「自發、互動、共好」的核心精神，都是希望幫助孩子知道如何專注學習、情緒健康地面對挑戰（壓力）、珍惜自己、關懷他人，在成長中能夠感受到與大環境的相互依存關係和幸福。

１０８課綱核心精神、ＳＥＬ與ＥＱ都有著相同重要的成分，包括自我覺察（self-awareness）、自我調節（self-regulation）和同理心（empathy）等等，而**「覺察」**更是其中基本元素。這就是本書提及**朝向健康、快樂的能力都需要一個重要地基——「安穩」「清晰」「處於當下」的覺察力**。

沒有正念覺察的能力為基礎，就無法聆聽和看見自己的感受、作為，並用適當的專注力知道正在發生什麼；也無法有意識的打開好奇，去探詢和學習，去看見事件之間的因緣相關性和其他更多的可能性，當然也難以自由地帶著智慧和愛做選擇或調節、管理自我。

當孩子能培育正念覺察力，即時覺知、了解和看見自己的想法、情緒和行為，會讓孩子和「自己」保持一點點距離，彷彿正在觀賞自己主演的電影，可以不需要衝動應對壓力反應，而是能騰出一些身心空間，讓自己的身心復原一下，有能量發展更多智慧和愛的行動，回應當下的壓力。

親愛的父母，**我們除了是孩子的大腦神經雕刻師，也是孩子最初的遊戲減壓師！**

當然在陪伴孩子滋長出正念覺察力與能智慧地和壓力、困難共處的心靈肌肉之前，提醒大人們要先練習面對自己的壓力，因為我們的衝動教養行為、或是喜怒無常的情緒，往往是小孩壓力的來源。因此，無論如何請先為自己帶上正念教養的雙翼，當您對自己能實踐正念覺察＋智慧與愛的行動（請參考《心念教養》一書），才會知道如何為孩子戴上屬於他的雙翼。

寫下這本書，我心中最大的願望是期盼所有的父母、照顧孩子的大人、從事兒少教育工作者都能是孩子的遊戲治療師。透過簡單、輕鬆的體驗遊戲，和孩子一起打開覺察，好好品味當下生活，讓自己和孩子保有純然「Being」的生活模式。因為人生漫長的路途，不只是一直要為目標奮鬥「Doing」，還得學會好好生活。

多和孩子一起探詢還有什麼時候可以練習「正念覺察」＋「愛與智慧的行動」呢？比方說：起床的時候可以嗎？睡覺時候呢？吃飯？整理書包？洗澡？刷牙？上課？寫功課？爬樓梯？和朋友玩耍？滑手機？……等等。之後，找時間分享彼此生活練習，對自己的幫助或是感想。

覺察當下的感覺可以用在任何的地方，創意可以很多。

你可以——有意識的暫停孩子的習慣行為，創造體驗短暫的覺知時刻。例如，當孩子開門時，請孩子留意門把握在手裡的感覺是什麼，或是讓孩子用慢動作穿襪子。當孩子撞到別人或東西時，請他暫停一下，感覺自己的呼吸或是「像樹懶一樣慢」感覺一下撞的過程，幫助孩子將正念融入日常生活中。

你可以——在體驗遊戲結束時，花一點時間讓孩子告訴你自己的體驗與感覺，這對孩子是有益的。我的經驗是，在遊戲結束後與孩子開口之間，你用最少的話語引導孩子說出他們的感覺、想法與體會。

當然這也包括你在自己一天不同的活動開始、結束和身體動作的轉換中，正念地活在當下，感受孩子與四周氛圍。

和孩子一起遊戲，進入孩子的空間，不強求什麼事情發生，就是在一起，好奇、探索，孩子也會自然地向你透露他（她）是什麼樣的人、關心什麼、喜歡什麼、夢想是什麼……。

完全活在當下，能享受生命的種種奇蹟，這些簡單的美好可以療癒、轉化和滋養我們。身體與心靈是緊密相連的，活動身體會釋放出幫助體會幸福感的神經傳導物質「多巴胺」。親子經常一起運動、散步、公園玩遊戲、旅行，便是和孩子在當下好好一起生活。

誠心邀請你透過本書介紹的88種遊戲，一次次輕鬆、自在與生活化的親子互動中，呵護孩子心在當下的品質、培育「靜觀動覺」能力與自己的「身體」和「五感」在一起，讓孩子與感受做朋友、烘焙不讓衝動變行動的安穩力、幫助孩子成為觀心達人，以及滋養孩子照顧自己，累積幸福存款的能力。一起為下一代培養「安穩」「清晰」「處於當下」的覺察力及連結內心的平和而努力——讓家（學校）成為孩子正念覺察的練功場，喚醒孩子的天賦！

最後，深深感恩一路支持我的家人、老師、朋友，及一切有形無形幫助我完成此書的善因緣！

深深祝願所有的父母及孩子，平安、健康、自在和從容，每個人生命的花園都繁花盛開！

林麗玲

二〇二四年三月十五日　天赦日於內湖

88種五感體驗親子遊戲

喚醒孩子的天賦

作者——林麗玲
主編——蔡曉玲
美術設計——王瓊瑤

發行人——王榮文
出版發行——遠流出版事業股份有限公司
地址——臺北市中山北路一段 11 號 13 樓
客服電話——02-2571-0297
傳真——02-2571-0197
郵撥——0189456-1
著作權顧問——蕭雄淋律師

2024 年 5 月 1 日　初版一刷
定價——新臺幣 380 元
（與「遊戲實作筆記手冊」兩冊不分售。
如有缺頁或破損，請寄回更換）

Printed in Taiwan
ISBN —— 978-626-361-560-1

預行編目 (CIP) 資料

88 種五感體驗親子遊戲 : 喚醒孩子的天賦
林麗玲著 . -- 初版 . -- 臺北市 : 遠流出版事業股份有限公司 , 2024.05　面 ;　公分
ISBN 978-626-361-560-1(平裝)

1.CST: 親職教育 2.CST: 親子遊戲

528.2　113002937

YLib 遠流博識網
http://www.ylib.com
Email: ylib@ylib.com

88種
五感體驗
親子遊戲

遊戲實作筆記手冊

註：筆記手冊為遊戲重點提示，
完整遊戲方法說明請見書本內容。

作者／林麗玲　主編／蔡曉玲　美術設計／王瓊瑤
發行人／王榮文　出版發行／遠流出版事業股份有限公司　地址／臺北市中山北路一段 11 號 13 樓
客服電話／ 02-2571-0297　傳真／ 02-2571-0197　郵撥／ 0189456-1　著作權顧問／蕭雄淋律師
2024 年 5 月 1 日／初版一刷／定價新台幣 380 元（書與筆記手冊合售）／ ISBN：978-626-361-560-1 ／ CIP：528.2

遊戲
1

心的雷達（適合年齡：所有年齡皆適宜）

在生活中時刻問問自己、問問孩子：現在心在哪兒？心在正在做的事情上嗎？分心了嗎？還是介於兩者之間。

遊戲體驗發現

遊戲
2

玩轉注意力（適合年齡：請依孩子的年齡做語調和語詞的調整）

準備道具：有大小焦聚功能的手電筒。

遊戲方法：可以選擇把注意力拉近（把手電筒的照射範圍收窄，只讓光線照在物件的其中一部分），或選擇擴大注意力（擴大手電筒的照射範圍）。甚至可以在自己的身體上集中注意力（把光線照射在手掌，然後再聚焦在其中一隻手指上看看紋路等等。）

遊戲體驗發現

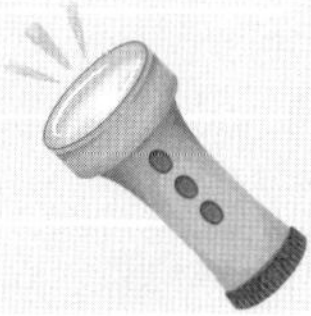

遊戲 3

外星人來地球（適合年齡：所有年齡皆適宜）

在適合的時間和地點，邀請孩子試試看就像外星人來到地球一樣，第一次吃到地球的食物（蘋果、巧克力、點心、蔬菜……），第一次看到、聞到的東西等等，無論之前的經驗如何，每一次都是全新的體驗。

遊戲體驗發現

遊戲 4

一起聽聽歌（適合年齡：所有年齡皆適宜）

找個孩子常聽和喜歡的音樂、歌曲等，一起試著專注其中某個樂器或某個聲音，比如鼓聲，一次就找一個，看看有什麼新發現？

遊戲體驗發現

遊戲 5　問問題打開覺察與好奇（適合年齡：所有年齡皆適宜）

親子一起讀一本書、看一部電影，或只是和某個陌生人擦肩而過時，用「真好奇，我想知道」的問題來打開孩子的覺察和好奇心。

遊戲體驗發現

遊戲 6　安排「有力量的安靜」的練習角落（適合年齡：所有年齡皆適宜）

和孩子一起布置出這個小空間。比如：放一個地墊、舒服的毯子，或放著鮮花的小桌子。把這個地方命名為「安全和平角落」或是「安全窩」。你也可以在裡面擺些有遊戲療癒效果的小東西，像是：柔軟的填充動物、軟球（舒壓球）、彩筆與紙、小書、靜心瓶等等。當孩子心情不好或煩躁時，讓孩子知道可以來到這裡放鬆心情，或是先避開惹惱自己的人。

遊戲體驗發現

遊戲
7

玩玩「瓶子裡的心腦」（適合年齡：所有年齡皆適宜）

製作靜心瓶的材料：可以栓緊蓋子的長型透明瓶，透明膠水，各種顏色金粉（請選擇放入於水中不會退色的金粉），清水，透明膠帶。

作法：帶著孩子在瓶子八分滿之處做個記號。不超過記號的量，大約以清水7：膠水3的比例，裝入瓶子。請孩子選一到三種不等的金粉。完成後，蓋上蓋子，並以透明膠帶加強封口，使之不漏。用力上下左右搖，讓清水、膠水和粉充分混合。一起觀賞搖動後的瓶子內的風景和變化。

分享看著金粉落下的心情和想法。提醒孩子這是你個人專屬的靜心瓶，有需要的時候可以拿出來靜靜欣賞搖動後的瓶子，陪伴自己安定心與腦喔！（例如：放在書桌或「有力量的安靜」角落。）

遊戲體驗發現

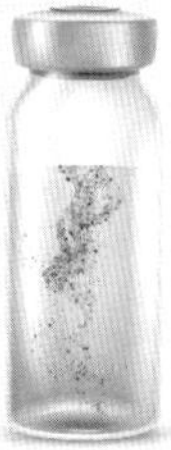

遊戲 8

像山一樣安穩坐著（適合年齡：所有年齡皆適宜）

可以先和孩子玩有趣的體驗——試試全身無力地癱坐在椅子上。這個感覺如何？傳達著怎樣的態度？再試試像士兵一樣嚴肅直坐，腰背用力挺直。這個感覺如何？又意味著怎樣的態度？然後看看孩子能否找到放鬆但莊嚴，肩膀和胸膛放開，坐得正直而不僵硬，舒適又穩定的姿勢。

找到後感覺一下，無論是雙腳踏地在椅子上坐穩，或盤腿席地坐都可以，讓自己像一座山穩穩的、放鬆但莊嚴的坐著一會兒。

也可以請孩子閉上眼睛，同時讓注意力像手電筒一樣，集中在肚子上（如果需要可用手輕觸著肚子），感覺每次吸氣吐氣時，肚子的上下起伏。就這樣穩穩的坐著，感覺一下自己的呼吸（可依孩子的年紀和狀況調整時間長度）。

練習結束後問孩子：現在你的感覺如何？

遊戲體驗發現

遊戲
9

小肚肚呼吸法（適合年齡：幼兒）

請孩子找個小玩偶（或小書、小枕頭），將這個有點重量的東西放在肚子上（或手輕輕放在肚子上），躺下，將注意力放在肚子上，感受一吸一呼時，小玩偶的上下起伏。

遊戲體驗發現

遊戲
10

五指呼吸法（適合年齡：幼兒童）

透過打開一隻手的五根手指頭，先用另一隻手的食指碰觸大拇指根部，依續沿著大拇指到小指，從根部到指頭時吸氣，從指頭到根部時吐氣。就好像帶著手指爬上爬下另一隻手的五指山。這過程由於加入觸覺感官和算數，會讓孩童注意力較容易聚焦，感覺著自己的吸氣與吐氣。

遊戲體驗發現

遊戲 11

喝杯熱巧克力奶呼吸法（適合年齡：幼兒童）

用雙手當杯子，就像捧住一杯熱熱的巧克力奶，鼻子吸氣時，彷彿聞著香醇的巧克力奶，然後用力吐氣吹涼它。慢慢的吸氣，聞聞它，深深的吐氣，吹涼它。

遊戲體驗發現

遊戲 12

7-11呼吸法（適合年齡：兒童與青少年）

吸氣的時候一起數到7，吐氣的時候一起數到11。

遊戲體驗發現

遊戲 13

蝴蝶呼吸法（適合年齡：幼兒）

全身四肢向外伸展時吸氣，全身四肢收回時吐氣，就像一隻蝴蝶般自由地張開、閉合。

遊戲體驗發現

遊戲 14

忍者呼吸法（適合年齡：所有年齡皆適宜）

如同一個忍者般，盡可能呼吸時不發出聲音，完全安靜。雙手掌心移動來到胸前，呼氣時雙手往外張，吸氣時往內翻，保持沉默地把氣吸進身體和吐氣出去。如果年齡適合，也可以和孩子分享呼吸與大腦的秘密：安靜地 注呼吸上，會刺激我們的大腦前額葉皮質，一次一次使神經系統安靜，這樣會讓覺知像忍者一樣敏銳。

遊戲體驗發現

遊戲
15

無聲嘆氣法（適合年齡：兒童與青少年）

先一起練習一個大聲的，加上身體動作的嘆氣。然後，再試著做一個安靜的嘆氣。先吸氣，然後發出長長的安靜地吐氣，一直到這口氣完全吐出，感覺一切都被吐出。這是重新調整呼吸，巧妙且社會化的嘆氣法，有節奏規律的安靜嘆息（呼吸），能幫助身心調節。

遊戲體驗發現

遊戲 16

撫觸式身體掃描（適合年齡：幼兒童）

你可以請孩子躺下來，如果不行，用任何他們做得到的放鬆姿勢都可以。接下來告訴孩子，你的手就像掃描機一樣，被你的手輕碰到的地方，就會有神奇掃描的功能傳到孩子身體裡，請孩子試試收訊息。你也可以先讓孩子當「溫柔」的掃描機，請他的手試著放在你身上任何一個部位，然後你說出該部位現在的身體感覺，只是單純的把感受說出來即可。

要注意的是，每個人對碰觸會有不同感覺，請用感到安全的力道和舒適的方式，在孩子感到安全的身體位置進行安全的碰觸。當你作為孩子的掃描機時，可以從腳、小腿、大腿、肚子、胸口、肩、脖子、臉、嘴、鼻、頭一步一步引導**（你可以省略任何一個與你在一起的孩子不合適碰觸的部位）**，除了請孩子說說有什麼感覺之外，每一個部位結束前也邀請孩子謝謝它幫助自己。

如果在睡前進行，不一定要完全進行全身掃描，也許只是幫助孩子的雙手、雙腳、以及頭部放鬆，讓孩子能深度休息。

遊戲體驗發現

遊戲
17

找找安心的拍拍（適合年齡：所有年齡皆適宜）

邀請孩子一起探索自己做得來、也能幫助身體感受照顧和安全的拍拍。如：一隻手（或雙手） 搭在心上，輕柔的拍拍自己胸口，雙手或單手輕撫肚子，摸摸臉，雙手環抱自己，輕柔撫拍手（手臂）等等。

在探索拍拍身體各個部位時，請孩子花一些時間感受一下手碰觸自己身體的感覺和支持感，並且研究一下拍法和力道。

遊戲體驗發現

遊戲
18

我在光的瀑布下（適合年齡：兒童與青少年〔此練習發想於梅村禪修經驗〕）

站著、坐著皆可，想像一個美麗的瀑布帶著溫柔的白光在自己的身上流淌。它流過腦袋，幫助腦袋放鬆。感覺到腦袋在放鬆。光的瀑布沿著脖子和肩膀流下。脖子和肩膀正在放鬆，釋放它所承受的所有緊張和壓力。現在瀑布流到了雙臂。感覺雙臂也在放鬆，雙臂無所牽絆。瀑布流過背部。背部正在釋放壓力，感覺放鬆。瀑布流過你的胸部、胃部，幫助胸部、胃部放鬆。感覺胸部、胃部十分放鬆，釋放緊繃，感覺鬆了鬆了。瀑布流向你的雙腿雙腳，感覺雙腿雙腳放鬆、休息。帶著白色光芒的美麗瀑布流遍全身。感覺非常平和、放鬆。在這光的瀑布中停留一會兒，感覺它放鬆了身體。

遊戲體驗發現

遊戲 19

和孩子一起泡泡麵（適合年齡：幼兒童）

跟孩子說，有時候身體就像還沒加熱水的乾泡麵，沖熱水後開始軟化，從頭到腳。想像身體就像還沒泡開的麵，開始溫柔地倒入熱水，從頭到腳，我們一起讓身體泡泡麵。

遊戲體驗發現

遊戲 20

說故事給孩子聽（適合年齡：幼兒童）

可以從生活中找到說故事的素材，例如：孩子洗澡時、親子一起洗碗時、一起逛市場時、郊遊爬山時、在山林中一邊散步一邊享受森林浴時……問問孩子正在用什麼感官探索、發現與調查呢？

遊戲體驗發現

遊戲 21

神秘箱（適合年齡：所有年齡皆適宜）

注意：箱子裡不要放入活體動物，以孩子熟悉的日常用品為佳，幫助孩子和日常生活有更多觸覺的連結。

準備不同質地的物品，如：棉花、石頭、砂紙、果實等等，放進箱子裡，讓孩子戴上眼罩，一個一個觸摸，問孩子摸到什麼？有什麼感覺？父母可依照孩子的年紀調整玩法和內容物。

遊戲體驗發現

遊戲 22

冷暖自知（適合年齡：幼兒童）

邀請孩子在出門前（上學前）閉上眼，安靜的感覺皮膚十秒鐘後，請孩子說說皮膚感覺到現在空氣的溫度是熱熱的、溫溫的、還是涼涼的（可以用動態的肢體呈現感覺的高低程度），然後，參考天氣預報，請孩子為自己穿搭適當的外出衣著。

遊戲體驗發現

遊戲
23

共約愛的抱抱（適合年齡：所有年齡皆適宜）

溫暖的撫觸對孩子的心理和生理健康都是很有益的，親子一起玩玩各式的抱抱，全身抱緊的（無尾熊、袋鼠等等各種動物抱），輕輕的抱，拍肩的抱等等，可以依照孩子的年紀，約定「在什麼時候？什麼情況？」需要彼此愛的抱抱。

遊戲體驗發現

遊戲
24

好好觀察自己的生活空間

（房間、浴室、客廳等）（適合年齡：所有年齡皆適宜）

問孩子：有哪些動物有非常好的視力？比人類還好嗎？

讓孩子說出自己的想法（老鷹、獅子……）接著，請孩子假裝自己的眼睛就像動物的眼睛（老鷹、獅子的眼睛），讓孩子站著或坐著，頭可以轉動，才能看到房間的四周。然後非常緩慢地移動頭部和眼睛，仔細的觀察房間四周，注意是否有自己從沒注意過的東西在房間裡。

等待孩子探索一會兒，接著親子一起分享並且說出來新的發現。即使是平時熟悉的生活空間，依舊有很多是自己從沒注意到的事物。

此外，和孩子一起到戶外散步時，如果時間允許，可以請孩子用自己動物般的眼睛探索，尋找自己從未注意過的東西，像是葉子的形狀，或者是天空、雲朵，或者是房子與汽車。

遊戲體驗發現

遊戲
25

福爾摩斯（適合年齡：所有年齡皆適宜）

收集一些相似的小物品，如：小石子、樹葉、蘋果（水果）、花或任何大小相似的東西，將同一類物品放在一起，請孩子（自己）選出一個。

然後，好好欣賞它，用眼睛觀察。它看起來的樣子？顏色？斑紋？光澤？每一個面向都仔細端詳。

幾分鐘後，請收回物品，再全部放在一起，請孩子試著找出自己剛才拿的那一個。找得到嗎？容易找到嗎？請說說為什麼是和不是？

最後，親子一起分享心得。

遊戲體驗發現

遊戲 26

我說你猜（適合年齡：所有年齡皆適宜）

在大自然、公園、或室內，邀請孩子用新鮮好奇的眼光看看四周，然後在心中選定一個東西，專注觀察一會兒，不要說出它的名稱。讓其他人閉上眼睛，請孩子描述他所觀察的東西，但不能說出名稱，看其他人能不能猜出答案。父母和孩子可以輪流出題。

遊戲體驗發現

遊戲 27

天空的雲朵（適合年齡：所有年齡皆適宜）

一起躺在草地，看天空飄過的雲朵。請孩子從雲朵的形狀找出可比擬的物品或動物，親子一同享受這段時光。

遊戲體驗發現

遊戲 28

我看到什麼？（適合年齡：所有年齡皆適宜）

在日常生活隨時可找機會玩這個遊戲，例如送孩子上學、逛街購物、通車的過程中，讓孩子環顧四周，說說自己看到和發現的：「我看到……」分享一個之後再換下一個，如此一來可活化注意力的腦區。

遊戲體驗發現

遊戲 29

嶄新的眼光（適合年齡：所有年齡皆適宜）

準備材料一：一些圖畫紙和各種顏色的粉彩筆。

遊戲方法：與孩子一起畫畫，親子各自想一個屋內的某樣物品並且畫出來。畫好之後，先收著。接著請找出自己畫的那個物品並拿到面前，或是站在物品前面研究它的外觀、顏色，接著拿出畫紙再畫一次。之後，親子一起討論第一張和第二張的異同，在觀察之後圖畫有任何變化嗎？

準備材料二：兔子與鳥兒、女孩和老嫗的圖片……等等。

遊戲方法：和孩子一起觀看圖片，請孩子分享看到什麼？還有其他可能嗎？（培養孩子換個角度看事情。）

遊戲體驗發現

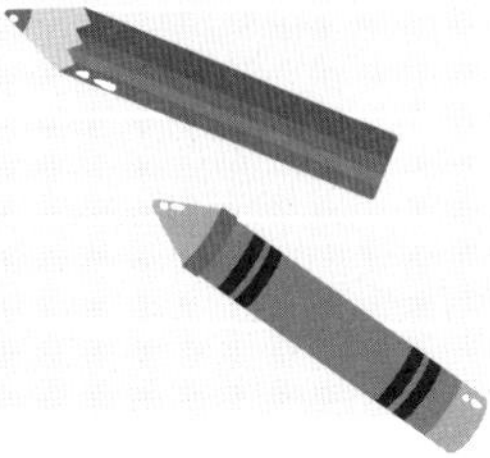

遊戲 30

這是什麼聲音？（適合年齡：所有年齡皆適宜）

一、收集多種可發出聲響的日常物品，親子輪流閉眼分辨，猜猜是什麼東西。過程中保持輕鬆有趣和創意。

二、好奇大自然、動物、昆蟲、植物以及生活環境發出的聲音，和孩子一起找找答案。

遊戲體驗發現

遊戲 31

音樂欣賞（適合年齡：所有年齡皆適宜）

和孩子一起聽音樂（請選有多種樂器演奏的曲子），播放其中一段，一起認出曲子中的不同樂器聲音。哪些是鼓聲、鋼琴聲、吉他聲？此外，音樂會引發不同的情緒與畫面，可和孩子一起聊聊，問問孩子聽完音樂有什麼感覺？比方說身體的感覺是？感受到的畫面是？（可請孩子具像化表達出來，例如運用肢體描述或是畫下來）。

遊戲體驗發現

遊戲 32

聲音風景（適合年齡：所有年齡皆適宜）

去戶外郊遊時（在家中室內也可以），找到適合的地方，輕鬆的坐下，和孩子約定閉眼幾分鐘，用耳朵仔細聆聽空中的聲音，無論是近的遠的、前方後方、左邊右邊、上方下方……此刻出現了什麼聲音？聲音的大小、強弱、高低、音質如何？會變化嗎？停留多久？漸漸消失，又出現新的？請依照孩子的年紀提出引導語句。

遊戲體驗發現

遊戲 33

親子合唱（合奏）（適合年齡：所有年齡皆適宜）

和孩子一起唱唱都會唱的歌。我唱一句，你唱一句，有些一起唱，有些單獨唱。也可以父母拍出節奏，孩子跟著拍出同樣節奏。一起玩玩專注、等待與合作。

遊戲體驗發現

遊戲 34

回聲機（適合年齡：所有年齡皆適宜）

一、約家人一起玩傳聲筒遊戲，親手製作傳話筒，在筒子裡放入寫有文字的紙條，請抽到字條的家人一字不差地唸出來（可依孩子年紀出題，大點的孩子可相約一起出題）。

二、請孩子描述一件事（開心的、有趣的、難過的、煩惱的事皆可），聽完後，把孩子的話，不加油添醋、不給意見，並以「我聽到你說為開頭」覆述一遍。接著角色互換。

遊戲體驗發現

遊戲 35

找找平靜安穩的聲音（適合年齡：所有年齡皆適宜）

親子一起找找，聽著哪些聲音會讓自己平靜安定。如：鐘聲、敲三角鐵的聲音、水流聲、雨滴聲等等，就像是聲音的靜心瓶一樣，需要時就可以聆聽一下。

遊戲體驗發現

遊戲 36 聽見「你」的聲音（適合年齡：所有年齡皆適宜）

把各種有生命或無生命的物件擬人化，讓孩子打開覺察的天線，拓展更多面向的觀點，聽見自己多元的聲音。這個「你」可以是身體、眼淚、情緒、想法、食物、物品、家具、朋友、家人……讓孩子一起進入某個角色，體會並以「我就是這個物件」的立場說出想法、感覺或意見。

遊戲體驗發現

遊戲 37 聞聞看（適合年齡：所有年齡皆適宜）

日常生活中各種有味道的東西，都可以成為和孩子一起探索的素材。這個東西聞起來的味道是？請孩子用各種形容詞形容一下。也可包括各種食物（吃東西前聞一聞），花草藥草，各式香料（肉桂、薄荷、八角等）。

遊戲體驗發現

遊戲38 我閒到，我感覺（適合年齡：所有年齡皆適宜）

逛市場、超市、夜市、茶葉店，在山林、海邊等等大自然環中，都有許多素材帶領孩子一起玩玩：我聞到什麼？我的身體有什麼感覺？聞到之後心情如何呢？是否曾在哪裡聞到過？有想起什麼事嗎？喜歡還是不喜歡？為什麼？

遊戲體驗發現

遊戲39 我是聞香師（適合年齡：所有年齡皆適宜）

準備些自然萃取的精油（非化學的），或者各種茶葉或香料。和孩子一起找找哪些會讓自己有安定、平穩、舒服、療癒的氣味。

挑選出其中一個，放在所處環境中能安心的空間。邀請孩子一起坐下或躺下來，閉上眼，靜靜的嗅聞，休息一會兒，就讓這個味道關愛自己一下。

遊戲體驗發現

遊戲
40

它是什麼味道？（適合年齡：所有年齡皆適宜）

請孩子探索並認識各式各樣的食物味道，以及食物入口的感覺。用哪些牙齒咀嚼，咀嚼的力道如何，口水量的變化，舌頭哪個部位最明顯感覺到味道，舌頭還有在做什麼，食物大小的變化，最後怎麼進到身體裡，吞嚥後身體的感覺……等等。

也可請孩子研究吃下食物對自己各方面的影響（如：上廁所、口乾舌燥、精神好壞等情況）。

遊戲體驗發現

遊戲41 用五感品嘗零食（適合年齡：所有年齡皆適宜）

帶著孩子先看一看、摸一摸、聞一聞、聽一聽食材，最後再嘗嘗它。孩子是天生的科學家，他們會自發性的透過感官實驗（體驗再體驗），我們唯一不要做的是「消去」、「壓制」孩子的體驗機會，使得孩子慢慢忽略、習慣性鈍化五感。

遊戲體驗發現

遊戲42 我的身體感覺到什麼？（適合年齡：幼兒童）

當孩子在玩紅綠燈等等跑跳動態遊戲時，在過程中加入停下來的環節，請孩子體會一下現在的心跳、體溫、腳底板、小腿……感覺到什麼？（可從頭到腳，依身體各部位一個一個在遊戲中穿插著探索）稍微描述之後，再開始下一個遊戲動作。

可以事先準備一張身體輪廓圖像（或者帶著孩子畫出來），讓孩子在留意到有感覺的身體部位，塗上代表感覺的圖樣和顏色。

遊戲體驗發現

遊戲 43

和身體LINE一下（適合年齡：所有年齡皆適宜）

邀請孩子就像查看手機訊息一樣，每天花一點時間，透過和身體LINE一下，與身體連線。

遊戲方法：和孩子一起找一個不被打擾的空間，坐著、躺著或站著都行，做做「有力量的安靜」，讓身體保持靜止。若環境適合，請孩子閉上眼，讓注意力像探照燈一樣先照頭部的前面、後面、裡面，分別感受有什麼感覺出現？例如：重重的、脹脹的、刺刺的、麻麻的、痛痛的……還是沒有特別感覺。

然後，再到肩頸區、雙手、胸口、後背、肚子、腰部、大腿、小腿、腳等等（可依孩子的狀態提及身體的部位），一個個感受並注意有什麼變化。提醒孩子整個過程有可能會發現溫度（溫暖、涼或熱）、重或輕、軟或硬、鬆或緊、或其他變化。

做完遊戲請孩子分享今天對身體哪個部分的感受最強烈呢？有注意到哪些身體上的感覺嗎？有什麼樣的事讓自己感到驚訝？

遊戲體驗發現

遊戲 44

像樹懶一樣動作並標記它（適合年齡：所有年齡皆適宜）

首先和孩子分享為什麼要玩放慢速度的遊戲，例如說明：人是怎麼學會跑步？一開始需要學什麼呢？需要先從爬行學習，才到走路，才能跑步，對吧？

坐姿覺察：請讓孩子像往常一樣坐在椅子上，留意身體中哪裡感到緊張或鬆弛、擠壓或伸展。然後要求他們直挺挺地坐著，留意這樣的感覺如何？下一步，要求孩子軟綿綿地坐下來，並留心這樣有感覺不同嗎？最後，要求孩子找到一個既不直挺挺也不軟綿綿的中庸姿勢，坐著體會這個姿勢一會兒，並且感受呼吸的頻率。

舉手：將雙手放在大腿上，慢慢移動其中一隻手臂，注意你的手臂是覺得很沉重還是很輕盈。在你移動手臂時，身體的知覺是否有改變呢？一起慢慢地放下手臂，注意你的手臂是很沉重還是很輕盈。

站立：親子非常慢的從坐著到站起來，將注意力放在身體上，就像舉起手臂的遊戲。父母先示範慢慢站起來的動作，一邊說有什麼感覺。然後閉上眼睛示範一兩個正念呼吸，再慢慢地坐下。當孩子站起來時，心裡要說「起立、起立」，當你坐下的時候，在心裡說「坐下、坐下」。

遊戲體驗發現

遊戲
45

親子一起散步（適合年齡：所有年齡皆適宜）

和孩子一起體驗散步時，將注意力放到雙腳上，感覺到自己的左右腳是如何邁出一步又接著一步？問孩子能感受到腳底踩到地上或是抬在空中嗎？手臂或雙腳（所有身體部位）是如何合作和移動的？目前身體是很沉重，還是很輕盈，是很快還是很慢呢？有沒有注意到身體的溫度？在移動時，衣著碰觸身體時有什麼感覺？接觸到空氣的皮膚有什麼感覺？當自己注意到身體各部位能共同合作且自在移動時，心裡有什麼感覺？

遊戲體驗發現

遊戲
46

研究身體的舒適、挑戰和威脅區（適合年齡：所有年齡皆適宜）

邀請孩子一起做轉動肩膀、聳肩、側彎、單腳平衡、手緩慢地向下朝地面方向觸碰腿，最後再抬起頭等的伸展運動。

過程中引領孩子們留意在身體做各種活動或運動時，身體的感受如何。這是進階版的「和自己動態中的身體，隨時Line一下」，留意身體有那些訊息是告訴自己已經到達極限（通常是刺痛感），再多些輻度、力度或時間可能會受傷，哪些是當下身體可以再挑戰一下的範圍（通常是緊繃感），哪些又是身體容易操作的動作。盡可能提醒孩子在做下一個動作之間，停頓片刻覺察一下，再開始下一個動作。

提醒孩子身體是一直在變化的，身體的舒適、挑戰和威脅區是會變動的，打開覺察才能當自己身體的好主人，才能好好照顧它。

遊戲體驗發現

遊戲 47

覺察每天的身體（適合年齡：所有年齡皆適宜）

父母保持好奇探詢的態度，帶著孩子對形狀、軟硬、重量（重／輕）、緊鬆、溫度（熱／冷）、粗細、脹縮、刺痛、振動、流動、 移動、停止等等感受產生好奇心。

懂得辨識身體的性質、習慣和變化，就是與身體同在。告訴孩子：「你不會弄錯的！每個人體驗到的都是真的。你的每一個感受都值得被看見。」

遊戲體驗發現

遊戲 48

猜猜看（適合年齡：幼兒童）

可準備體驗感受臉譜卡（或寫在小紙張上），包括快樂、害怕、生氣、興奮、覺得愚蠢、感到無聊、失望、困惑、痛苦、傷心、驚訝、厭惡、羞恥、喜悅……等等，親子輪流抽一張後，不用說的，而是用各式表情、肢體、聲音表演情緒，讓其他家人猜測這是什麼感受（情緒）。

若說出正確的答案時，接著問：他（她）呈現什麼表情、動作、音調，讓你知道他（她）是喜悅／生氣／害怕……呢？若情況允許，接下來家人們可以一起腦力激盪，想想這個感受和心情出現時，它想要表達什麼呢？它想幫情緒的主人什麼忙呢？

遊戲體驗發現

遊戲
49

今天心情顏色是？（適合年齡：所有年齡皆適宜）

家人聚會一起用餐前、寫作業前……任何活動開始之前，可用顏色（可準備色卡）來標記現在的情緒和描述自己的心情，並解釋為什麼。例如：我今天的顏色是粉紅色，因為睡了一個好覺，身體好舒服，心情愉快。

透過具像的顏色，孩子較容易標記當下的心情，並從對顏色直觀的引領，進而整理自己對心情、感受的覺察，學習描述自己的感受與想法。

遊戲體驗發現

遊戲
50

感受溫度計（適合年齡：所有年齡皆適宜）

當孩子跟你說自己「好開心」、「很煩」、「快氣死了」、「心累」、「好無聊」……等等感受時，請孩子分辨這是愉悅感受（偏向舒服或快樂）、或者是不愉悅感受（偏向不舒服或不快樂），並請孩子估評自己的感受的高低程度，度數大約幾度呢（最低1度，最高10度，可畫出溫度計）？

接著，請孩子說一說感受的內容，「開心」是什麼感覺？「很煩」是什麼感覺？……等等。

再問問孩子：說出來了之後，現在感受的度數有任何變化嗎？（通常讓孩子表達之後，大腦會鎮靜下來，較容易看見感受的變化。）

最後可幫助孩子標記自己的感受，不抗拒也不隱藏。坦蕩承認感受，是面對與處理情緒的第一步。

遊戲體驗發現

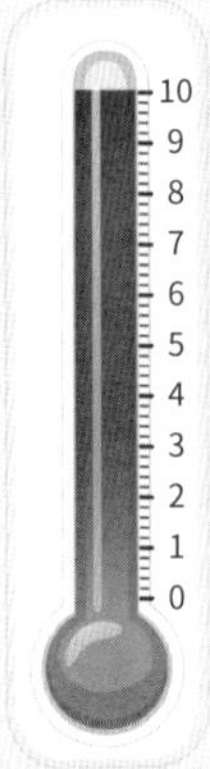

遊戲
51

感受的身體地圖（適合年齡：所有年齡皆適宜）

邀請孩子一起感受今天的身體。無論坐著或躺著皆可，先和孩子一起「有力量安靜」一會兒，接下來你可以這樣引導：

1．用自己的速度感覺一下頭部（以此類推，依序一個一個引導），在這個部位，出現什麼感覺（冷熱、硬軟、鬆緊等等）、或現象（說不出感受的情況）、或心裡感受（煩悶、躁亂、平靜……等等）。

伴隨著這些感覺、現象或心理，請孩子感受一下帶來的是愉悅（偏向舒服或快樂）、或者是不愉悅（偏向不舒服或不快樂）？一個個部位依序感受之後，請孩子深深吸口氣，再緩緩吐氣。

2．若時間允許，從頭到腳再覺察一次，並在每個身體部位感受後增加引導語：如果覺得愉悅（偏向舒服或快樂），就在現在（當下）感受，往下一個身體部位覺察時，不需要一直抓著這個感覺喔，試著輕輕放掉它。學習不抵抗感受，就是感覺到就好。

3．最後可以親子一起躺下，先感覺一下自己躺下來之後身體的呼吸，感覺一下全身目前的感受，現在請用深深的吸氣、緩緩的吐氣，調節一下，給自己一個大休息。

遊戲體驗發現

遊戲
52

請孩子喝杯果汁感受一下

（也可以是牛奶、巧克力、茶等等）（適合年齡：幼兒童）

當孩子感受強烈時，邀請他坐下來，喘口氣，倒杯果汁、牛奶或熱巧克力，讓孩子喝個幾口。待孩子情緒緩和後，可以用「遊戲 50 感受溫度計」來找出感受並標記心情溫度計，並和孩子分享：

每個感受（情緒、心情）都沒有對錯，都是你的好朋友，是來傳達你的需要。請你當自己的主人，招待一下拜訪你的感受（情緒、心情）客人，請客人喝點果汁、牛奶、或熱巧克力，陪客人聊一聊，問問他想要傳達什麼給你呢？

遊戲體驗發現

遊戲53 播報自己的心情天氣（適合年齡：所有年齡皆適宜）

協助孩子聽到並了解自己的內在世界，透過播報也通知大家（包括自己）知道如何因應和照顧感受，就像參考每日的氣象報告，我們就知道如何準備外出服裝與裝備。

播報方式建議（可依孩子狀態調整）：在合適的地方與孩子一起做「有力量的安靜」，接著閉上眼，感覺一下內心有什麼心情與感受，像是哪種天氣呢？是熱熱的太陽、晴空萬里、陰天、雨天、多雲，或者是狂風暴雨、颱風……發現到什麼？（提醒孩子心情天氣沒有對錯，就像氣象主播客觀的如實描述現況即可，也不需要特別深入感受或多做什麼，因為天氣是說來就來，沒辦法阻止它。）

如果是年紀大一些的孩子，也可以邀請他加上天氣主播會給觀眾的小提醒，如：請好好休息，可以喝口水，申請一個擁抱……等等，親子可以相互陪伴。

遊戲體驗發現

遊戲 54

播報全家的心情天氣（適合年齡：所有年齡皆適宜）

親子輪流試著播報家人的心情天氣（沒有對與錯，如實播報即可），並和對方確認：你的心情是這樣對嗎？這遊戲能增加孩子的視野，除了把焦點放在自己身體，也學會關心家人。

遊戲體驗發現

遊戲 55

學習自我關懷（適合年齡：所有年齡皆適宜）

帶著孩子用自己的雙手，輕輕的撫觸 、拍拍自己的心窩、肚子、頭、肩膀等身體部位，會讓自己感覺到溫暖的、舒服的與得到支持感。可以在各個部位拍拍後多停留一會兒感受一下，能帶給自己關懷。待心情較平和時，再回到先前在做的事。

遊戲體驗發現

遊戲 56

為情緒取名字（適合年齡：所有年齡皆適宜）

問問孩子：心情低落的時候，或是興奮、無聊、感到愚蠢、快樂的時候，有什麼關鍵字可以說呢？例如難過、傷心、不耐煩……。請和孩子分享說出感受情緒的關鍵字。當情緒出現時，我們只需要慢慢的重複說幾個字。例如：當自己感到一股怒氣時，可以在心底說出關鍵字「生氣、生氣、生氣」。這會創造出一讓情緒休息一下的空間喔！

遊戲體驗發現

遊戲 57

腳腳定錨（適合年齡：所有年齡皆適宜）

帶著孩子感覺腳底的踏實感，感覺自己穩如泰山。無論站著或坐著，可以請孩子用力的踏一踏雙腳，踏完之後將注意力放到腳底板，感覺一下腳底此時哪裡熱熱的、刺刺的或有其他任何感覺？過一會兒，試著請孩子從小趾到大腳趾、十根腳趾頭輪流感受，接著到腳掌、腳跟，然後再踏一踏雙腳，感覺自己正腳踏實地呼吸著。

遊戲體驗發現

遊戲 58

創造空間（適合年齡：所有年齡皆適宜）

找個適當的機會，問問孩子是否曾說過某些話，那時立刻想把這些話收回來；或者是否曾因為生氣而打人、推人、破壞東西，接著有點後悔，真希望自己沒做過這些事。

可以問孩子：當你生氣時，可能會做出什麼事？打人、尖叫、推人、還是丟東西……所有反應都是在事件發生當下快速的發生，就好像膠水粘在一起。此時，你可以伸出一隻手指頭，用它代表生氣。然後伸出另一隻手指，用它代表打人等等反應，把這根手指放在生氣的手指旁邊。當我們沒有給自己暫停、覺察一下的機會，這兩隻手指（憤怒和反應）兩兩相鄰就像連體嬰，無法阻止衝動行為發生。

此時，你可以在兩隻手指之間打開空間（分開兩隻手指），將「生氣」與「反應」隔開。並說明「自動反應」就有機會變成「回應」，一個覺察和思考過後，做出較冷靜的選擇。

遊戲體驗發現

遊戲 59 玩玩摸冰塊（適合年齡：所有年齡皆適宜）

準備材料：孩子可以握住的冰塊大小，準備數個裝在冰桶中。

遊戲方法：

1．在給孩子冰塊之前，請孩子先留意在握住冰塊之前，自己現在有什麼感覺出現。腦中有什麼念頭？身體有什麼感覺？

2．把一到兩個冰塊分給孩子，請孩子一直握在手裡。

3．一至數分鐘後（視狀況決定），請孩子注意此刻腦中是否有這些想法出現：我會凍傷，受不了了，我沒辦法，為什麼要我握住冰塊、真狠心⋯⋯同時也請孩子注意，隨著這個想法，身體和情緒出現什麼感受或變化？（可以在手的底下鋪一張紙巾，才不會把地板弄濕）。

4．邀請孩子把注意力放在自己每分每秒的身體體驗，例如：感到冷、刺刺的、有一點麻麻的⋯⋯也感受心情如何呢？請孩子留意一下當有這些不舒服的體驗出現時，心裡有什麼衝動也跟著出現？

5．當孩子覺得手很不舒服時，請孩子稍稍放鬆手掌和手臂，先把冰塊放下一會兒，然後再試著握一次。

6．提醒孩子好奇並感覺一下，與自己的不舒服在一起，溫柔且不抗拒的握著冰塊時，自己的感受有什麼變化嗎？

7．最後，放下冰塊，和孩子一起看見自己有勇氣完成練習的遊戲。

遊戲體驗發現

遊戲
60

你的心像什麼動物？（適合年齡：所有年齡皆適宜）

1．準備猴子、小豬、刺蝟、兔子、烏龜、獅子、馬、長頸鹿、大象、松鼠……各種動物圖卡或是動物小模型，與孩子討論這些動物，聽聽孩子會用什麼形容詞形容這些動物的特性和特質。如：跳來跳去、動個不停的猴子；緊張、害羞的兔子；很重很重的大象等等。

2．如果可以用動物形容一下自己的心，你可以先示範，如：我覺得我的心累累的，就好像一隻很重的大象；我的心很忙，就像猴子一樣跳來跳去。接著，也請孩子試著形容並挑出上學時、吃飯時、寫作業時、練琴時、運動時……自己的心最像那一種動物，並說說看為什麼？

3．和孩子一起聊聊自己的心跟猴子（或任何一種動物）一樣時，後來發生了什麼事？得到或是付出（失去）了什麼？試著引導孩子也說說自己的情況。

遊戲體驗發現

遊戲
61

聲音就只是聲音（適合年齡：所有年齡皆適宜）

準備道具：一塊布巾。

遊戲方法：

選個合適的時間和空間，邀請孩子一起玩「聽聲音」遊戲。可以運用「有力量的安靜」技巧一會兒後，再請孩子試著注意耳朵聽見的聲音。

不管是室內、室外、遠的、近的，是否有一些聲音會讓自己覺得不愉快、煩躁或覺得干擾，例如：電風扇、冷氣機的聲音等等。如果有，現在請覺察不愉快、煩躁或覺得受到干擾的感受，透過呼氣送到你手上的布巾中，然後當著孩子的面，把布巾打包放在旁邊。

接著告訴孩子：「這些感受我幫你保管一下。」請孩子再用耳朵聽這個聲音，只留意聲音的物理現象，如：現在這個聲音的大小、強弱、高低、厚薄、長短、頻率、音質等等。

聽聽孩子述說發現到什麼，尤其從聲音的物理現象聽到了些什麼，而不是述說聽到聲音的感受如何（因為感受已經被布巾打包了呀）。

遊戲體驗發現

遊戲
62

小小偵探家（適合年齡：幼兒童）

透過小小偵探家，父母可陪孩子一起確認現在想的是事實嗎？練習像偵探一樣研究此時出現的想法是什麼？正如何體驗它們？是否有聲音、圖像或是兩者都有？「這個想法」讓心（情緒）出現什麼傾向（抗拒、急躁、僵固、憂恐、猶疑等）？請用安全的方式去確定是否為事實？

遊戲體驗發現

遊戲
63

靜觀溪流（適合年齡：所有年齡皆適宜）

1・到郊外旅遊時，若有機會可以帶孩子去欣賞溪流的風景，找一處能靜靜觀看溪流的地方，邀請孩子注意是否能發現隨著溪流漂流過的葉子、花瓣、樹枝……等等。觀察一會兒後，請孩子說說發現了什麼東西從眼前漂流過去，安全、輕鬆、好玩即可。

2・可請孩子就當下經驗，試著挑戰在一分鐘內，注意到自己有任何念頭、想法或者畫面出現，就像看溪流漂過的葉子一樣，一個葉子就是一個念頭、想法或畫面，數數看一共有幾個。

3・找適合的時間，和孩子一起「有力量的安靜」坐一會兒後，邀請孩子進一步練習想像自己坐在溪邊就只看著溪流中漂過的葉子，不必跳到溪流裡去撿起葉子，和問葉子：為什麼葉子在這裡？葉子你為什麼長得不好看？……等等。請孩子就是留意自己的大腦河流有什麼念頭想法出現即可，一個念頭就像一片葉子，只需要**看著**葉子漂流過去就好。試試看不論注意到大腦河流出現什麼，練習**不需掉入激流中**，只需要看著大腦河流持續的流淌著。閉眼練習一會兒後，一起分享練習心得。

遊戲體驗發現

遊戲
64

讓念頭像雲一朵朵飄過（適合年齡：所有年齡皆適宜）

邀請孩子與自己一起在安心、空間舒服的地方坐好，閉上眼睛，呼吸覺察一下（可以運用之前所介紹覺得適合孩子的遊戲）。

待孩子準備好，邀請孩子將注意力帶到是否有什麼念頭流過腦海。不用管念頭對不對、好不好，只要觀察就好。

接著，請孩子想像自己是一個大大的天空，天空中有多少雲朵都沒關係，因為天空大到可以容納一切。感覺自己就是那麼廣大和寬闊，現在讓浮現腦海的念頭化身為小小的雲朵，一個又一個出現了、然後飄過去。

只要看著雲朵就好，不需抓著它，只要觀察它並描述它。例如：那是關於和同學玩球的念頭；那是有好多作業很煩的念頭；那是什麼時候才要結束練習的念頭。單純享受成為一片天空的寧靜和祥和。

遊戲體驗發現

遊戲
65

溫柔抓蝴蝶（適合年齡：幼兒童）

1・問孩子蝴蝶是怎麼飛的，請孩子用自己的手和身體表演出來。接下來再提問：抓蝴蝶是很容易還是很困難的呢？太用力抓的話，蝴蝶會如何？（通常更抓不到、而且蝴蝶會受傷）。輕巧又溫柔抓蝴蝶又會如何？（成功機會變高）。

2・與孩子分享：我們的心思就像蝴蝶一樣，它可能在身邊飛來飛去，而且飛得很快。心思飛走的時候，可以用手當作網子輕輕的抓住它。你可示範慢慢地移動手臂，像是要抓住一隻蝴蝶般，並輕輕地將你的手放到肚子上。就好像是把心思與注意力抓回到呼吸上（用手摸著肚子感覺自己的呼吸）。

3・接著來觀察我們彷彿是蝴蝶的心思。和孩子一起讓身體「像山穩穩坐著」，並且將眼睛閉上，試著將注意力放在肚子呼吸時的上下起伏。一旦感覺自己的心思飛走的時候，想像用手（或也可以直接動作）輕輕的抓住它（摸著肚子感覺自己的呼吸）。練習三至五分鐘。練習完之後，親子可輪流分享：「我的身體覺得……我的心覺得……」。

遊戲體驗發現

遊戲 66 動物保護員（適合年齡：幼兒童）

當孩子的心不安穩時，找個適當的時機，邀請孩子觀察哪一隻動物來找自己了？可以用說的、寫的或畫的方式，表達出這些動物，形容該動物的特徵。請孩子當這個動物的保護員，帶著好奇心與仁慈心，照顧牠一會兒。

如果自己的心煩躁得像猴子，請保護員試著先給牠可以活蹦亂跳的安全空間，讓牠跳一會兒，也持續保持耐心、好奇地注意著。如果心是呆滯得像樹懶，也抱著好奇、耐心觀察一下，看牠需要什麼樣的照顧。如果心是狂野和憤怒得像隻老虎，就請孩子覺察這感覺，並給予空間與時間讓牠安靜下來。

遊戲體驗發現

遊戲 67 有覺察的正念行動（適合年齡：所有年齡皆適宜）

找機會和孩子一起聊聊，因為緊張而失誤（失手）的經驗。如：上台忘詞、表演失常等等。

正念行動：可以是帶著覺察喝水、走路、上洗手間、穿表演服、準備樂器。也可做三次正念呼吸，再用右（左）手指或握空拳輕敲敲自己的左（右）肩下方（敲敲穴道）等活動，請孩子找到適合自己的方式。

遊戲體驗發現

遊戲 68

清理心的空間（適合年齡：所有年齡皆適宜）

請孩子在腦海想像一個地點，是個安全、自在、舒服，自己喜歡的地方，可以是小時候去過的、或者想去的地方，卡通或電影中看過的場景也可以。

當孩子說出這個地點，請他（她）在每一個呼吸後，彷彿更清楚看到、聽到、聞到那個地方的景色、聲音和味道。讓身體就好像待在這個安全之地。感受安全之地一會兒後，提醒孩子注意，靜不下來的思緒可能會來干擾，沒關係，就去注意跑來跑去的思緒是什麼？

不管是什麼想法、念頭或畫面進入心的安全之地，請想像自己正在抓住那個想法、那個畫面，把它放在自己旁邊，或放進一個籃子或盒子裡，可以隨時拿回它。

遊戲體驗發現

遊戲
69

大自然心像法（適合年齡：幼兒童）

想像「我是一朵清香的花」：吸氣，我看自己是一朵花；吐氣，我感到清新芳香。吸氣，花兒；吐氣， 清香。

想像「我是一棵自在又頂天立地的大樹」：吸氣，我看自己是大樹；吐氣，我感到頂天立地的自在。吸氣，大樹；吐氣，自在。

想像「我是一池寧靜的湖」：吸氣， 我看自己是一池靜湖；呼氣，我感到清澈平靜。吸氣，湖水；吐氣， 清靜。

想像「我是一座安穩的山」：吸氣，我看自己是一座山；吐氣，我感到安定穩重。吸氣，山；吐氣，安穩。

遊戲體驗發現

遊戲 70

美好牆（適合年齡：幼兒童）

準備些各色便利貼、膠水、彩色筆、膠帶、圖片、剪刀等等需要的文具用品，親子可以一起創作。把代表美好、快樂經驗的圖片、照片、卡片，或自己畫的、寫的便利貼等等，放上美好牆。在每天、每週或每個特別的家庭節日，每個人都能把自己感受到的美好事蹟、事件等，貼上美好牆，家人間互相分享。

遊戲體驗發現

遊戲 71

幸福點播時間（分享小小愉悅事件）（適合年齡：所有年齡皆適宜）

與孩子共約每天或每週的某個時刻，在適合的空間，一起聊聊今天或最近感到愉悅、快樂的美好經驗（開心的事），或是看見什麼美好的事物，例如：吃到多汁的橘子、曬曬冬日暖陽、聞到花香、遊戲時想到一個好點子……等等。

遊戲體驗發現

遊戲 72

給星星時間（適合年齡：幼兒童）

星星代表的是： 一個佩服或一個謝謝。可以是在一起用餐的時間，或在睡前來個家人小約會，邀請孩子和家人給自己一個星星，然後自己也輪流給家人星星。

遊戲體驗發現

遊戲 73

我的快樂盒（適合年齡：所有年齡皆適宜）

邀請孩子為自己找個空盒子，收集些令自己感到快樂或想起美好時光的小東西，如：貼紙，小石子，珠珠，照片等，找個特別的地方把盒子收好。任何時候，需要提振心情時就打開快樂盒，看看並摸摸裡頭的小東西，回想並重現自己的美好時光。

遊戲體驗發現

遊戲
74

擁抱呼吸（適合年齡：幼兒童）

視孩子年齡大小，父母可以蹲下，直視孩子的眼睛。感受你眼中有我、我眼中有你，並一起感受此刻的呼吸。然後溫柔的擁抱彼此，再次感受身體貼著一起呼吸。接著彼此用力緊抱著，感受正在一起呼吸。最後鬆開擁抱，並感謝彼此。另外也可以讓孩子學習自己給自己擁抱呼吸。請孩子用雙手環抱自己，透過給自己身體兩側刺激，感受撫觸的安慰。

接下來在下一個吸氣時，順著慢慢的吸氣，同時大大張開雙手朝上，感受和世界萬物連結著，也可以想個對象比如祖父母、寵物、所愛的人、自己、任何對象。呼氣時，順著緩緩的呼氣同時收回張開的手，再次用雙手環抱自己，給自己一個擁抱。可重覆做個幾次。最後再吸氣並張手給全世界擁抱，呼氣時雙手環抱自己，給自己一個深深的擁抱後結束遊戲。

遊戲體驗發現

遊戲
75

我的樹朋友（適合年齡：幼兒童）

在居家附近的公園散步時，或到外地家族旅遊時，找個有樹木的地方，全家一起玩玩「和樹做朋友」。

每個人選一棵樹朋友（或一起選一棵樹），環抱它、摸摸它（當觸摸樹的時候，樹也會成長得更好），每個人都跟樹介紹自己、描述自己的特質，接下來把從這棵樹發現到與注意到的特質，也跟樹木分享。例如：你的根深入大地、你的姿態頂天立地……等等。

過程中，可以提醒孩子，除了跟樹說話（說自己的心情），也聽聽樹給自己的回應，感受樹與自己「同在」。（甚至在需要的時候，讓這棵特別的樹成為自己的庇護所。這裡是安全的地方，回到這裡能夠帶來放鬆感，並且找回自己。）

遊戲體驗發現

遊戲 76 種植小盆栽（或是種下一粒種子）（適合年齡：所有年齡皆適宜）

讓孩子選一個喜歡的小盆栽，由孩了當主人，學習澆水並照顧它。過程中，請孩子多多與你分享他在照顧盆栽時的觀察和體驗。

遊戲體驗發現

遊戲 77 一起畫說家庭樹（適合年齡：所有年齡皆適宜）

和孩子一起畫出三代的家庭樹（輕鬆方式即可），並說說家庭發展、變遷或其他重要變化以及家人的故事。讓孩子感受也看見的血緣的連結，綿綿長長，在自己的身上有著所有愛、文化的傳承與連結。

遊戲體驗發現

遊戲 78

認識家鄉（或自己居住的地方）（適合年齡：所有年齡皆適宜）

逢年過節回家鄉時，和孩子一起探索家鄉的歷史、故事、名產、好吃的、好玩的、與有趣的人事物。

遊戲體驗發現

遊戲 79

感受相連，感受支持（適合年齡：幼兒童）

在適合的時間和空間，邀請孩子一起想像坐時光機回到媽媽的肚子裡（或者直接讓孩子靠近媽媽的肚子），讓孩子感受自己曾在肚子裡與媽媽一起呼吸，自己透過臍帶和媽媽相連（也可準備一條布巾綁住彼此代表臍帶）。

一會兒後說：然後「你」出生了，醫生剪掉了臍帶（拆掉布巾）。請在此時說說你如何關照孩子，從嬰兒時期一直到現在的點點滴滴。讓孩子聽見和感受到父母珍愛他的事蹟。

遊戲體驗發現

遊戲 80

聊聊並分享感謝（或是種下一粒種子）（適合年齡：所有年齡皆適宜）

1．和孩子聊聊感謝是什麼？對自己有什麼好處？亦可以分享上述的研究成果給孩子，舉證感謝（感恩）會使他們感到快樂喔！

2．邀請孩子當下就試試：一起想想三件自己最近在生活中覺得快樂和感謝的人事物。

遊戲體驗發現

遊戲 81

感謝食物（或是種下一粒種子）（適合年齡：所有年齡皆適宜）

準備一顆蘋果。邀請孩子一起細心觀察這顆蘋果。包括它的顏色、質感、紋路和光影等等。

過程中可以問些問題，讓孩子思考和反思。例如：蘋果從哪裡來的？它是突然出現的嗎？它的生長需要什麼條件呢？從生長在蘋果樹直到放在盤子上享用，在那之前蘋果經歷了什麼呢？（種植、採摘、 包裝、運送、卸貨、上架、購買、放在盤子上。）最後，帶著孩子一起感謝所有的人與事，並以正念吃下它。

遊戲體驗發現

遊戲 82 感謝小石頭（或其他小物件）（適合年齡：所有年齡皆適宜）

在踏青或郊遊時，親子一起找一顆屬於自己、方便又好帶的小石頭（或其他物件）。把小石頭放在自己隨時找得到的口袋或包包裡。當想起它就摸摸它，摸它時請回想一個感恩或感謝的事，並感受這件事帶給自己當下的身心愉悅感。（請注意，有些風景區的石頭不能撿拾，請父母留意相關規定。）

遊戲體驗發現

遊戲 83 帶著感謝之眼旅行（適合年齡：所有年齡皆適宜）

在親子旅行的時刻，共同約定帶著感謝之眼旅行，過程中試著對碰到的人事物，當下就說出並表達自己的感恩之情。旅行結束後，可以約孩子一起寫下或畫下旅程感謝日記，有意識的留意所有值得感謝的事蹟，包括感謝自己。

遊戲體驗發現

遊戲
84

安排主動休息與遊戲的療癒時間（適合年齡：所有年齡皆適宜）

請於每日規劃至少15分鐘以上的時間與孩子一起自由玩耍和休息（一個人當然也可進行），沒有一定要如何或達到什麼，唯一要做的就是臨在當下。

建議關掉所有電子用品，手機電視電腦，讓這段時刻可以自然而然的展開，不受時間的影響，只是與孩子同在當下。例如：和孩子一起到公園玩耍散步、跑步、騎腳踏車、運動、打球、扮家家酒、各式角色扮演、下棋、打牌、玩桌遊、自由塗鴉畫畫、喝下午茶、吃點心、躺著聽音樂……等等都行。

遊戲體驗發現

遊戲
85

用愛心說實話（適合年齡：所有年齡皆適宜）

什麼是帶著愛心呢？可以用下面五個指標，來幫助孩子練習。這五個指標請依孩子的年紀舉例，讓孩子容易理解：

1．先想想說話的時機點是否恰當，如果自己正在情緒中、或對方尚未準備好、或場合不恰當、或第一次見面就評價等，就可能是不太恰當的時機。

2．好好確認要說的事是事實嗎？也就是對自己即將衝口而出的話，覺察一下是否可能只是自己的想像、自己的解釋、及評價或擔心，並不是對方的狀況。

3．慎選語氣字詞，覺察所使用的語言是粗暴的，還是柔軟的？換位思考一下什麼說話內容、語氣，才讓人聽得進去？

4．仔細覺察說話及給建議時候的起心動念是帶著善意和愛心，還是吃醋、嫉妒、想羞辱或顯示自己能幹呢？（有覺察就可以有選擇）。

5．覺察說話的目的，是自己的需要，還是想幫助別人，考慮說的內容是否對當事人有利益以及不傷其自尊。

遊戲體驗發現

遊戲
86

善意的祝福（適合年齡：幼兒童）

和孩子實驗種兩盆豆芽，一盆每天用愛的語言呵護它成長，另一盆每天都對它大吼大罵，看看兩盆豆芽的成長會不會有差別？

接著，找個合適的時間和場地，和孩子一起練習對自己與他人傳送善意的祝福。請孩子舉起手放到心窩，說：「現在，請閉起眼睛，感覺一下手放在心上時的微微熱度，然後試著感覺從心中有一道暖流流出，和手心交流著溫度。請在心中也流出對自己善意的祝福——祝福自己健康有活力、祝福自己平安和快樂。」

一會兒之後，邀請孩子將手心打開朝外，一起將這份善意也傳達給自己喜愛的人。請孩子跟著你慢慢念出下面的祝福語：

希望 ______________ 健康有活力。
希望 ______________ 快樂。
希望 ______________ 平安。

安靜一會兒之後，邀請孩子繼續將這些善意和祝福，由心傳達給心裡所想的那個人。

遊戲體驗發現

遊戲 87

摸冰塊變化版（適合年齡：兒童以上皆宜）

把冰塊放在孩子的一隻手掌上，請孩子留意當冰塊在手心融化時，手會有什麼感覺。自己喜歡這種感覺嗎？接下來試著讓孩子持續握著冰塊等待三十秒（或更多），再問：手心的感覺跟之前一樣嗎？想法或是情緒有任何變化嗎？

遊戲中也可試著請孩子把冰塊放在手掌的不同部位，或是用另一隻手握住冰塊，留意每次的改變會帶來什麼感覺。

遊戲體驗發現

遊戲 88

觀看變化（適合年齡：所有年齡皆適宜）

和孩子一起透過照片或圖文，將自己的身體變化記錄下來，一段時間後（如：一學期），請孩子說說看到什麼變化？此刻心情、想法和身體的感覺？親子也可以找出彼此小時候到目前成長的照片，排列出來一起觀看。

遊戲體驗發現